AF451917

DOCUMENTS RARES

OU INÉDITS

I

MISSION DU SAGUENAY

RELATION INÉDITE

Du R. P. Pierre Laure, S. J., 1720 à 1730

PRÉCÉDÉE DE

QUELQUES NOTES BIOGRAPHIQUES SUR CE MISSIONNAIRE

PAR LE

P. ARTHUR E. JONES, S. J.

MONTRÉAL

ARCHIVES DU COLLÈGE STE-MARIE

1889

NOTES

BIOGRAPHIQUES ET CHRONOLOGIQUES

SUR LE

PÈRE PIERRE LAURE, S. J.

———

Pierre Laure naquit à Orléans le 17 septembre 1688, et entra dans la Compagnie de Jésus le 29 octobre 1707. Il n'était pas encore dans les ordres sacrés lorsqu'il arriva en Canada la même année qu'arrivèrent le P. Etienne Lauverjat et le frère coadjuteur Nicolas LeClerc, c'est-à-dire en 1711.

Il commença tout de suite sa régence au Collège des Pères à Québec. En 1712 il était professeur de 3ième, en 1713 des humanités, en 1714 de rhétorique et en 1715 de 2de. En 1716 il fut chargé de la bibliothèque, et c'est la première fois que cet emploi est indiqué dans le status du Collège. En 1717, 1718 et 1719 il fit sa théologie, et le 23 juin de cette dernière année il fut ordonné prêtre à l'Hôpital-Général par Mgr de St-Vallier. En 1720 il fut désigné par le R. P. Pierre de la Chasse pour rouvrir les missions du Saguenay, abandonnées depuis bien des années faute de missionnaires. Il partit de Québec pour Chicoutimi le 1er juin, et y arriva avant la fin du mois.

Dans le Rapport sur les Missions du Diocèse de Québec (No 16) de mars 1864, aux pages 21 et 22, sont donnés deux extraits d'une lettre qui est attribuée à un missionnaire écrivant du Saguenay en 1720. Le nom de ce missionnaire n'est pas indiqué, mais il ne peut guère être autre que celui qui fait le sujet de ces notes. Car, après le P. Louis André, S. J., il n'y eut qu'un missionnaire en 1716, à savoir le P. Gélase Delestage, Recollet, qui en 1720 était missionnaire du côté sud du St Laurent, de Rimouski à Miramichi. Je reproduis ici ces extraits comme se rapportant à la première année de la vie de missionnaire du P. Laure. A d'autres mieux renseignés de constater d'une manière certaine l'auteur de cette lettre et de nous dire si l'original existe encore quelque part.

"Tadoussac, dit un autre missionnaire écrivant en 1720, est un bon port, et on m'a assuré que 25 vaisseaux de guerre y pouvaient être à l'abri de tous les vents, que l'ancrage y est sûr et que l'entrée en est facile. Sa figure est presque ronde ; des rochers escarpés d'une hauteur prodigieuse l'environnent de toutes parts, et il en sort un petit ruisseau qui peut fournir de l'eau à tous les navires. Tout ce pays est plein de marbre, mais sa plus grande richesse serait la pêche des baleines." p. 21.

"La plupart de nos géographes ont marqué une ville au Port de Tadoussac, écrivait un missionnaire en 1720, mais il n'y a jamais eu qu'une maison française et quelques cabanes de sauvages qui y venaient au temps de la traite et qui emportaient ensuite leurs cabanes, comme on fait des loges d'une foire ; et ce n'était en effet que cela. Il est vrai que ce port a été longtemps l'abord de toutes les nations sauvages du Nord et de l'Est : que les Français s'y rendaient dès que la navigation était libre soit de France soit du Canada ; que les missionnaires profitaient de l'occasion et y venaient négocier pour le ciel.   La traite finie les marchands retournaient chez eux, les Sauvages reprenaient le chemin de leurs villages ou de leurs forêts, et les ouvriers évangéliques suivaient ces derniers pour achever de les instruire." p. 22.

Le lecteur n'a qu'à comparer ces deux extraits avec la description de Tadoussac donnés par le P. Laure dans sa Relation pour se convaincre qu'on doit les attribuer au même écrivain.

Son journal commence dès son arrivée.   Il a été reproduit à la page 44 du même Rapport des Missions de Québec que je viens de citer.   Voici ce que l'on y trouve pour l'année

1720

"J'arrivai à Chek8timi au mois de juin pour y prendre possession de la mission rétablie après 20 ans d'interrègne.   Ma maison, dans l'automne, y fut bâtie par Chatelleraux, commis au dit poste, sur le petit côteau à cause de la proximité de l'église et pour la commodité des Français.   La croix fut faite par le même." (Journal).

Il est nécessaire de noter ici qu'il existe encore aujourd'hui à Chicoutimi l'analyse d'un registre des Postes du Roi de 1691 à 1780.   Cette analyse a été faite en 1836 par M. François Boucher, curé de l'Ange-

Gardien et desservant de ces mêmes Postes du Roi. Le P. J.-B. de La Brosse donna à ce registre de ses prédécesseurs le nom de *Miscellaneorum Liber*, vu qu'il contenait tout ensemble les actes de baptême, de mariages, de décès, une liste des bienfaiteurs et leurs dons et enfin, quoique à l'état incomplet, les annales de ces missions. Il l'avait de plus paginé et doté d'un index. C'est à l'obligeance de M. Ambroise Fafard, Supérieur du Séminaire de Chicoutimi, que je suis redevable d'une copie de ce document devenu actuellement bien précieux par le fait que le *Miscellaneorum Liber* lui-même ne se retrouve plus. S'il a survécu aux vicissitudes du temps, ce que je n'ose espérer, il est enfoui quelque part où il ne peut guère servir, en tout cas il est inconnu aux amateurs des recherches historiques. J'ai puisé largement dans la copie, et avec l'aide des restes de nos catalogues, du journal du P. Laure et de sa relation, j'ai pu suivre le géographe du Saguenay dans ses courses apostoliques depuis le commencement de sa carrière jusqu'au moment de sa mort.

Quant à cette année 1720, l'analyse du *Miscellaneorum Liber* nous apprend peu de choses positives. Après les dernières entrées du P. Gélase Delestage, Récollet, en 1716, viennent immédiatement celles des baptêmes faits par le P. Laure, avec cette épigraphe, qui, à défaut d'autres renseignements, restera à l'état d'énigme :

  " Diu sub judice lis fuerit.

      "Siste viator

        " LAURE, J."

" Vcre prius flores, etc." (à la page 19 des registres perdus).

La date de la première sépulture n'est pas donnée dans l'analyse ; celle du premier mariage de cette année est du 2 juillet. La Relation inédite confirme la supposition de M. Boucher que le Père hiverna à Chicoutimi, 1720-21.

1721

" *J'hyvernai à Notre-Dame de Bon-désir avec les Tadoussaciens* " *(Journal).*

En effet le registre nous dit : (Déc. 1721) " Ibidem Tad8saci hyemans infantem recens natum baptisavi, etc. (idque die ipso Domini Nativitatis)."

A la page 116 du *Miscellaneorum Liber*, toujours d'après l'analyse, se trouvaient les actes des sépultures faites par le P. Laure depuis 1720 jusqu'au 4 juin 1736. M. Boucher nous donne un échantillon pour cette année : "9 julii 1721—Ego Petrus Laure Soc. Jesu, sacerdos, Chek8timitch pastoris vices agens, in parvo coemeterio, juxta exequias infantulorum, sepelivi Petrum-Regis, 18 circiter annos natum et feliciter defunctum immediate post receptionem baptismi et viatici " (vide 116 et alias).

La relation inédite, de son côté, nous apprend que dès le petit printemps de 1721 il s'était transporté à Québec à cause d'une maladie dont il souffrait Son séjour y était bien court, car malgré les instances de ses amis à Québec, il repartit presqu'aussitôt pour sa mission. Son retour, comme il le marque, était providentiel, car la peste allait frapper ses pauvres Sauvages. Après l'épidémie il se rendit à Tadoussac, et de là à Bon-Désir, qu'il nous dit être vers l'Escoumin à huit lieues au-dessous de Tadoussac. L'hivernement de 1721-22 se fit à Tadoussac.

1722

Il n'y a rien sur cette année au journal tel qu'imprimé dans le Rapport sur les Missions du diocèse de Québec.

Les premiers mois de l'année le Père était encore chez les Tadoussaciens, puisqu'il y avait hiverné. On l'y trouve encore au mois de décembre, où il fait l'entrée suivante : "In nova Pip8napi (Bon-Désir) missione, propre Tadoussacum, rite baptisavi, etc. Il passa donc cet hiver aussi de 1722-23 à Bon-Désir.

1723

" *La maison des Pères, y compris l'église fut faite à Bon-Désir par Porreau. La croix sur le rocher fut plantée, l'année suivante, par le Sr Chatelleraux, commis à Tadoussac*" *(Journal)*.

D'après le *Miscellaneorum Liber*, il a dû quitter Bon-Désir de bonne heure au printemps, puisqu'il fit un acte à Chicoutimi le 24 mai. C'est le premier acte de baptême depuis celui de décembre 1722, mentionné plus haut. Dans le mois, ou après le mois d'août, dit l'analyse, est cet acte : " Apud Papinacheos, ego Petrus Laure sub conditione baptisavi Margaritam, filiam galli Rasset et natam 3 menses circiter, etc. De quo scriptum apud se tenent parentes." Il est à présumer qu'il hiverna (1723-24) aux Papinacheois par l'acte de mars de l'année suivante.

D'après la carte de M. N. de Fer, 1718, les Papinacheois habitaient surtout entre la Rivière Noire (Manicouagan) et la Rivière Ste-Marguerite (R. aux Outardes), à 35 lieues environ au Nord-Est de Tadoussac et en deça de la pointe de Monts. Mais le Père Laure leur assigne un territoire bien autrement étendu : " C'était, dit-il, de ce poste [N.-D. de Bon-Désir], qu'après la Toussaint et au printems je me rendois aux Ilets de Jeremic à 30 lieües au Nord-Est de Tadoussac vers la rivière des Betsiamites assez connüe dans nos cartes, laquelle est aussi large mais bien moins profonde que le Saguené. Depuis cet endroit jusqu'à LaBrador les habitans au fond montagnez s'appellent Papinachois, etc." Plus loin il nous donne à entendre que ce poste avait changé d'emplacement : " Anciennement ils avoient une jolie chapelle située avec leur village dans une grande baye à 4 lieües du nouvel établissement des Ilets. Elle s'appelle encore aujourd'huy la baye des Papinacheois."

1724

" J'hyvernai encore à la mer, à Notre-Dame de Bon-Désir " (Journal).

Il s'agit sans doute de l'hiver de 1724-25.

Le premier baptême porté au registre cette année, 1724, est du 24 mars, et a été fait aux Papinacheois. L'entrée suit immédiatement celle du baptême de Marguérite Rasset de l'année dernière. Le second est du 6 mai et a été fait "in sacello Nostræ Dominæ Boni Desiderii." Au 31 mai le Père est à Chicoutimi. Le 27 août il baptise une fille de Ls Chatelleraux et de Marie-Anne Gagnon "in Tadoussaco Sti Ignatii sacello." En septembre il est à Chicoutimi, en novembre "apud Papinacheos." L'hiver de 1724-25 se passa donc à Bon-Désir.

1725

" Ma maison de Chek8timi qui n'avait jusqu'alors été couverte que d'écorces sur de méchantes planches, fut rétablie et couverte en bardeau par le Sr Montendre, Joseph Amelin et Louis Fortin, pour lors engagés à Chek8timi. La même année, le 24 de Septembre, j'allai sur le coteau du portage avec le Sr Montendre, commis au dit Chek8timi et entrepreneur, Jean Balére (garçon) maître charpentier, Jean Pilote, les deux Dorvales et Jean-Baptiste Amelin ; où je donnai le premier coup de hache pour la nouvelle église, qui se trouva livrée à la fonte des neiges et achevée (Invita Minerva) le 28 de septembre 1726."

" Le beau tabernacle et les deux ornements vert et violet, blanc et rouge, ont été apportés à Chek8timi le 4 juillet 1726."

" Après avoir peint le retable, la voûte, j'ai célébré la première messe dans la nouvelle chapelle le jour de l'Assomption de 1726. Le bonhomme Pelletier s'y est confessé le 1er et J. B. Amelin y a communié le 1er (Journal).

Que le Père ait hiverné (1724-25) à Bon-Désir, c'est confirmé par le fait qu'il y a des entrées au Registre faites à Bon-Désir dans le mois de janvier 1725. En

mars il est au Port-Saumon. L'analyse nous apprend
que les actes faits pendant cet hiver sont en forme de
journal et ne sont qu'au nombre de cinq. De là M.
Boucher conclut qu'il y avait probablement d'autres
registres. Il ajoute qu'en juillet le Père était à Chicoutimi. S'il ne se trompe pas en ce détail, ça du être
aux premiers jours du mois, car le 26 juillet 1725 il
était rendu à Québec.

Ce fut là en effet la date de sa profession solennelle
des quatre vœux. Il la fit publiquement selon les
formes accoutumées, dans l'Église du Collége de Québec, entre les mains du R. P. Pierre de La Chasse,
recteur et supérieur général de la Mission du Canada.
Les témoins officiels furent les Pères Jacques-François
Le Sueur et Michel Guignas.

"Le Père Laure, dit M. Boucher, hiverna en 1725
et 1726 à Chicoutimi, comme il le marque à la marge
des actes en ces mots : In sacello Chek8timæo.. ubi
hoc anno hyemavi."

1726

*" La croix du clocher nouveau a été saluée de 33
martres par tous les sauvages charmés du coq. Bon-
désir abandonné, j'hyvernai à Chek8timi"* (Journal).

Dans le corps de la Relation inédite, le P. Laure
explique assez au long les causes qui ont déterminé
l'abandon de la mission de Notre-Dame-de-Bon-Désir.
Je me contenterai d'une courte citation. Après s'être
étendu sur la prospérité de cette petite chrétienté il
poursuit : " Mais gens jaloux et ennuyez du mission-

naire, dont ils se croyaient eclairez de trop près, et
duquel ils auroient moins redouté la présence s'ils
n'avaient eu rien à se reprocher, abusants de la cré-
dulité de leurs maîtres, ont renversé cet édifice, qui,
promettant une abondante moisson, portoit ombrage
à l'ennemi du salut des nations, et qui n'avoit pas
laissé que de coûter bien des peines. Le prétexte
d'éloigner le missionnaire fut que la dernière année
on y fit peu d'huile, et l'on allegua tres faussement
qu'on ne les occupoit jour et nuit que de la prière sans
leur donner le tems de chasser ; mais Dieu qui ne
laisse rien d'impuni tot ou tard a fait voir que la calomnie retomboit sur ses autheurs, etc."

Comme nous l'avons vu par le texte du journal,
sous le titre 1725, la nouvelle église de Chicoutimi fut
livrée à la fonte des neiges 1725. Ce ne fut donc
qu'après cette date que le Père descendit à Tadoussac
où nous le retrouvons, grâces aux registres, au mois de
juillet. Le 25 du même mois il était de retour. Et
le 15 août la première messe fut dite dans le nouvel
édifice. L'entrée suivante du 26 décembre 1726 cor-
robore le journal sur son hivernement de 1726-27 :
"Tres puellas sacro fonte ablui in novo Sti Xaverii
sacello," et M. Boucher, l'analyste, ajoute : "On voit...
qu'on y avait bâti la chapelle, à moins que ce fut un
autre poste, ce qui n'est guère probable." Il n'avait
pas connaissance évidemment du journal qui lui aurait
rendu la chose claire.

1727

*" Les pièces de ma nouvelle maison de Chek8timi
furent commencées le 19 novembre 1727 par Etienne*

*DesRoches et Montauban, couvreur français en ar-
doise ; c'est lui qui a couvert l'église et a entrepris la
dite bâtisse"—(Journal).*

Dans l'analyse du *Miscellaneorum Liber*, l'entrée qui
suit celle du 26 décembre 1726, faite à Chicoutimi, est
celle faite au même endroit le 20 janvier. Au mois
d'avril, comme nous le verrons tout à l'heure, il était
rendu aux Sept-Iles. Ce long voyage d'hiver a du se
faire avec bien de la difficulté.

Le 27 juillet il confère le baptême à plusieurs
adultes et enfants aux Ilets-de-Jérémie et ajoute :
" Ibidem antea, festis paschalibus [Pâque tombait en
1727 le 13 avril] baptisavi sub conditione Vitalem,
filium Joanni Rasset et Mari-Annae Caron natum."

Il hiverna, 1727-28, à Chicoutimi.

1728

En effet deux actes qu'il y avait inscrits l'un du 20
décembre 1727 et le suivant le 8 février 1728 en font
foi.

L'analyste du *Miscellaneorum Liber*, nous cite un
acte de sépulture sans indiquer l'endroit où il fut fait,
mais ce fut vraisemblement à Chicoutimi : " 30 martii
1728, post longos et acerbissimos dolores, sacramentis
munitus obiit Bertrandus Balaire, gallus."

Le Père paraît être resté à Chicoutimi jusqu'en juin.
Voici ce qui se rapporte à cette année dans le journal :

" *La charpente* [de la nouvelle maison du missionnaire à Chicoutimi] *a été levée le 20 avril 1728 par
Pierre Montauban, excellent jeune homme rempli*

d'énergie. Il s'est fait aider par La8chin8, Mavatach Pik8ar8ich, et nos autres Sauvages surtout Charles Peltier, et la livrée vers la fin d'octobre ; j'ai fait presque tout l'intérieur de mes propres mains, pour l'avantage de mes successeurs, leur demandant de prier pour moi, et leur souhaitant une vie plus tranquille. Amen" (Journal).

Au mois de juillet 1728 le Père Laure est aux Ilets-de-Jérémie.

Je ne saurais dire si ce fut avant ou après son voyage aux Ilets que mourut Marie 8tchi8anich dont parle le Père tant dans sa relation que dans son journal, probablement avant. Ce fut bien dans le mois de juillet 1728 mais l'analyste n'indique pas le quantième : "Au mois de juillet 1728 fut enterrée Marie Sauvagesse dont il fait un éloge remarquable (v. p. 118)." Le lecteur trouvera dans la Relation ce qui se rapporte à elle, voici en attendant ce qu'en dit l'auteur, de la notice de la Mission de Tadoussac dans le Rapport déjà cité des Missions du Diocèse de Québec :

" Dans une note le Père Laure fait l'éloge de Marie 8tchi8anich, femme de Nicolas Peltier qui mourut, comme elle avait vécu, en odeur de sainteté, après une maladie d'un an, munie de tous les sacrements. Elle a été regrettée de tous, dit le Père, et elle le sera toujours de moi en particulier qui ai appris d'elle la langue montagnaise et la traduction des prières. Elle m'assista dans la rédaction d'une grammaire et d'un dictionnaire, et était digne d'une plus longue vie, s'il eût plu au Seigneur. Elle n'avait pas encore 50 ans, je

crois, et en avait passé 17 chez M. Sauvage de Québec.
Quand elle ressentit les premières atteintes de la
maladie, le Père Crépieul était mort [† 1702] et il n'y
avait pas de missionnaire au poste ; dans son inquié-
tude et sa ferveur elle se rendait souvent à la chapelle
pour y faire ses prières et répandre d'abondantes
larmes, apprenant ainsi à sa tribu la véritable com-
ponction, et n'ayant qu'un regret celui de ne pouvoir
plus assister dans ses travaux son Père spirituel.
Puisse-t-elle l'assister de ses prières dans le ciel."

"J'inhumai ses restes précieux dans le cimetière de
Chicoutimi avec tous les honneurs de l'Église."

D'après la première entrée au registre des Sépultures il parait que le Père passa encore l'hiver de 1728-
29 à Chicoutimi.

1729

Le journal, tel que nous le connaissons par le Rapport des Missions du Diocèse de Québec, est muet sur
les années subséquentes à 1728 et jusqu'à 1733.

L'année 1729 ouvre avec une entrée au registre des
sépultures : " 12 Fev. 1729 Nicolas Peltier, gallus
natione, sylvestris moribus, prope centenarius, &c. (v.
p. 118)" c'est sans doute le même Nicolas Peltier mentionné plus haut, mari de Marie la Sauvagesse. M.
Boucher nous assure dans son analyse que le Père
passa l'hiver de 1729-30 à Chicoutimi, mais il ne cite
aucun autre acte. La relation nous apprend que dans
l'automne il revint d'un voyage à Québec ; et par sa
seule date elle rend certain son hivernement à Chicoutimi.

1730

Cette date de la relation est de Chicontimi le 13 mars.

Dans le mois de juillet 1730 le Père fait la mission des Ilets-de-Jérémie, et au 29 du même mois se trouve dans un endroit qu'il nomme Epechipitch, *vulgo* l'Esk8min, où il administre le baptême. Le dernier acte de cette année est du 14 août et le suivant est du 15 mai 1731, de sorte que par le registre il ne parait pas avoir hiverné en mission.

1731

L'année de 1731 commence donc par un acte du 15 mai.

Ce fut évidemment cet été que le Père Laure acheva sa carte autographe de la région au nord du Saguenay, puisque l'épitre dédicatoire au Dauphin est datée de Chicoutimi le 23 août 1731.

Comme à l'ordinaire il est aux Ilets-de-Jérémie, le 22 juillet, et du fait qu'immédiatement après les baptêmes fait aux Ilets suit un autre acte du 6 mars 1732, M. Boucher conclut qu'il a hiverné en mission, 1731-32.

1732

Le printemps et l'été se passaient comme précédemment à Chicoutimi et aux Ilets-de-Jérémie. Il est évident qu'il n'y passa point l'hiver de 1732-33 par la remarque que fait le Père, mais dont M. Boucher ne cite que ces mots : " 12 Nov. 1732, Quebeci, hac hyeme ubi, ob pravitatem, etc., etc.. Vide Fol. 30."

Le registre des sépultures porte cette entrée : " Hoc anno, id est, a festivitate omnium Sanctorum anni

præteriti ad Septembrem anni 1732, fato functi sunt
ex morbo in sylvis prope lacum Echetagama." Suivent
les noms de neuf sauvages.

Ad lacum Sti. Joannis : Suivent les noms de onze sauvages à la droite desquels il écrit :   A suis sepulti forte artim (?) indigne relicti.

1733

" J'hivernai à Québec " (Journal).

Le Journal parle évidémment de l'hiver de 1732-33
car d'après les registres le Père serait de retour à
Tadoussac le 10 juin 1733 et à Chicoutimi le 17 du
même mois.   En juillet il est aux Ilets-de-Jérémie, au
mois d'août à Chicoutimi, où il hiverne (1733-34), car
il y inscrit un acte de baptême le 27 décembre, 1733.

1734

Il emploie l'été de 1734 à parcourir ses missions
comme les années précédentes, et comme à la page 38
du registre perdu il entre un acte de baptême le 8
mars 1735 on conclut qu'il hiverna en mission (1734-
35).

1735

Après l'entrée du 8 mars, tout se fait comme à l'ordinaire, c'est-à-dire, il passe le printemps et l'été à
Tadoussac, Chicoutimi et aux Ilets.   Les entrées dans
le registre des mariages faits par le Père Laure s'éten-
dant de 1720 jusqu'au 19 juillet de cette année 1735.
Le premier mariage qui suit est fait par le P. Maurice

2

cinq ans plus tard, c'est-à-dire, le 29 juillet 1740, ces
actes se trouvaient à la page 79 du registre perdu.
Cette année le P. Laure fit un voyage à Québec comme
il constate par l'acte rapporté, comme de coutume d'une
manière incomplète, par l'analyste : " Kalendas Sep-
tembris Quebecum navigans, etc., (vid. Fol. 32)".

Il y hiverna selon toute apparence, car après cette
note il n'y a pas d'autre entrée jusqu'à l'année suivante.

1736

Le premier baptême de cette année est du 3 juin.
Il visita ses missions cet été comme à l'ordinaire.
Rien, dit M. Boucher, n'indique qu'il hiverna, si ce
n'est le seul acte fait dans le cours de l'hiver : " Die
6a martii 1737.   Rite baptisatus est a Patre Laure in
prædio, etc., (Vide page 32)".

L'Analyste ne dit pas si cette entrée est de la main
du missionnaire.

1737

Il n'y a absolument rien dans l'analyse qui ait trait
à cette année à part l'entrée du 6 mars, la seule de
l'hiver, et que je viens de citer.   Elle nous donne a
entendre qu'il hiverna en 1736-37 en mission.

Le Répertoire Général du Clergé, à la page 86, nous
assure que le Père fut nommé en 1737 curé des Éboulements, et qu'il y mourut le 22 novembre de l'année
suivante à l'âge de 64 ans ; mais comme il est né en
1688, à l'époque de sa mort il n'avait que 50 ans.

1738

C'est la dernière année de notre missionnaire. Nous
le trouvons au mois de juillet à Tadoussac ayant fait

très peu d'actes, qui, d'après M. Boucher, n'indiquent rien et dont on ne peut rien conclure, et ce sont ses derniers. Ceci expliquerait par le fait qu'il était devenu curé des Éboulements.

"Vient ensuite," dit M. Boucher, "le P. Jean St Pé, jésuite, qui commence ainsi son premier acte :

"Ego Joannes St Pé, Soc. Jesu, post obitum P. Petri Laure, ejus missiones obiter lustrans, ex itinere sine cerimoniis baptisavi 18 junii, in sacello Tad8ssacensi, etc., après quoi on voit à la marge *eodem anno*, et d'une autre écriture que celle du P. St Pé : *ab eodem Patre* (le nom n'y est pas et une espace est laissé en blanc) gallice la Malbaye, rite baptisatus est, etc., Vid. 33."

M. Boucher juge que cette entrée est de la main du P. Guignas, et plus bas il ajoute : "On voit que le Père St Pé ne visita ses missions que dans l'été de 1738, et qu'en 1739 ce fut le P. Guignas, qui après avoir inscrit les baptêmes de J. B. des Groseliers [le commis] et les avoir réitérés, continue ainsi : "Rite adhibitis cærimoniis baptisatus est a Reverendo Patre Guignas post obitum Rev. P. Laure, ejus missiones obiter lustrante, Raphael, etc., (Vid. Fol. 33)".

Il est à remarquer que le baptême fait par le P. de St Pé le 18 juin ne peut se rapporter qu'à l'année 1739, car il dit : *"post obitum P. Petri Laure,"* ce dernier était mort le 22 novembre 1738. Il est par conséquent difficile d'admettre l'apropos de la remarque de M. Boucher par rapport aux PP. de St Pé et Guignas. Je croirais plutôt que le premier serait venu au printemps de 1739 et qu'il y fut suivi en juillet par le P. Guignas. Le premier acte, comme recteur du Collège et Supérieur de la mission fait à Québec par le P. de St Pé, fut (autant que j'ai pu le constater) la réception des premiers vœux du frère coadjuteur Georges Denet, le 21 septembre 1739. Étant aux missions du Saguenay le 18 juin, il a du aborder les premiers vaisseaux venant de France et qui portaient probablement sa nomination comme supérieur en place du Père Pierre de Lauzon. Ceci expliquerait son retour à Québec et la venue du P. Guignas pour le remplacer.

Quant à la mort du P. Laure, le *Repertoire*, comme nous l'avons vu, l'a donnée comme ayant eu lieu le 22 novembre 1738, et le P. Félix Martin a également adopté cette date. L'exactitude de l'année est confirmée par le P. Maurice au commencement de son journal : " Je suis parti de Québec le 14 juin 1740 pour venir prendre la place du Rev. Père Laure, mort deux années auparavant aux Éboulements.

Je trouve parmi les papiers du feu P. Félix Martin la note suivante à propos des écrits du P. Laure :

" Apparatus français et montagnais, 1726, 865 pages.

" Il existe au dépôt de la Marine à Paris une carte autographe du P. Laure pour les contrées au nord du Saguenay. Elle est dédiée à M. le Dauphin et porte une épitre dédicatoire datée de Chicoutimi le 23 août 1731. Cette carte entre dans les plus petits détails, et renferme beaucoup de renseignements. Il existe encore dans ce dépôt deux autres copies de cette carte, l'une de 1732, et l'autre de 1733 avec quelques additions. La dernière a été travaillée et enluminée avec un très grand soin. Ces cartes jouissent encore aujourd'hui d'une très grande réputation pour leur exactitude."

Quant à la carte du P. Laure plusieurs copies en ont été tirées ces dernières années, mais je ne saurais dire où se conserve aujourd'hui son *Apparatus français et montagnais.*

LISTE DE FRANÇAIS NOMMÉS DANS LES ACTES DU
P. LAURE COMME PÈRES ET MÈRES, PARRAINS
ET MARRAINES DES ENFANTS, ETC.

Ignace Du Souchet.
F.-X. de la Chevrotière.
Frs. Etienne Cugnet.
Jean F. Montendre Loranger.
Bn. Fleury de la Gorgentière.
Vital Caron.
Barthelemi Hervieux.
J.-B. Dorval.
Th. Leroy.
Anne Corbin.
Jean Gagnon.
Jean Pilot, à Chicoutimi, et
M. Catherine Brassart sa femme.
Jh. Pilote.
Romain Rasset.
Dorothée Gagnon.
Marie Pelletier.
L. Chatelleraux et
Marie Anne Gagnon sa femme.

Magdeleine Durocher (absente.)
Etienne Durocher.
Remi Brisson et
Marie Anne Doyon sa femme
   ce Remi Brisson est qualifié
   mercaturae praepositus.
Alexandre Durouchet.
Marie Magdeleine Brisson.
Michel Hédouin.
Vincent Gagnon.
Remi de La Gagnière.
N. Cochois, *armorum faber.*
J.-B. Maret.
J. Symart.
Fs. Lalande des Isles.
Jacques Perron.
Fs. Bellile (écrit aussi Belle Isle.)
Laurent Normandin.
Pierre Amelin.
Jh. Dorval et
Marie Angélique Lambert sa femme.
N. Doré.

AU LECTEUR.

La relation suivante a été retrouvée après plus d'un
siècle et demi d'oubli. Que le manuscrit soit un original et non une copie, c'est évident, non seulement
par le fait qu'il y a de nombreuses ratures et corrections entre les lignes, faites par la même main ; mais
surtout à cause des ratures, suivies immédiatement de
corrections sur la même ligne. En voici quelques
exemples. Je cite les pages du manuscrit :

P. 3 " La timidité (lui) feroit manquer quelque bonne
œuvre et (on a vu le . . . .) une heure de retardement
a degradé (souvent) long tems et affamé des voyageurs
etc."

P. 7, " Ils (couppent ce . . . .) choisissent le plus gros
etc."

P. 8, " Je ne dois rien a personne (et tout ce que . . . .)
(et) puis durant la recommandation de l'ame etc."

P. 14, " J'ay vu une jeune chretienne aussi (cou-
rag. . . .) intrepide que fervente etc." . . . . " Quoyque les
montagneses puissent en comparaison avec les (Iro-
quoises) (Huronnes) sauvagesses etrangeres etre regardées comme des reines etc." "(Tous les dess . . . .) Le
sort des projets, des entreprises, des voyages etc."

Il y a une foule d'autres corrections de ce genre,
faites *currente calamo*, et dans le travail même de la
composition. La phrase finalement adoptée est celle
qui se lit en omettant les mots entre parenthèses. Ces
mots sont, comme je l'ai dit, écrits sur la même ligne
mais ont été effacés avant que les mots suivants fussent
tracés.

Que ce manuscrit soit de la main du P. Laure, est
également certain. Il s'appelait Pierre, et à la page 9
du manuscrit, où l'écrivain parle du baptême d'un
enfant, il nous dit : " il n'eut jamais eu le tems d'etre
ondoyé, si malgré les raisons qu'on m'allega pour me
retenir je ne l'etois pas allé chercher la veille qui etoit
le jour meme de la (St Pierre) fete de mon patron."
Or le seul autre jésuite du nom de Pierre, qui au dix-
huitième siècle fût missionnaire dans la région de la
Baie d'Hudson ou du Saguenay, était le P. Pierre
Gabriel Marest, mais il mourut en 1714.

A la première page du manuscrit l'écrivain nous
apprend que ce fut le R. P. de La Chasse qui le fit partir le 1er juin 1720 pour Chicoutimi. Le P. de La
Chasse était en effet supérieur des missions du Canada
à cette date. D'un autre côté le journal du P. Laure,
pour 1720, contient ces mots : " J'arrivai à Chek8timi
au mois de juin pour y prendre possession de la mission rétablie après 20 ans d'interrègne." Il est donc
avéré que le manuscrit est de la main même du P.
Laure.

J'ai conservé l'orthographe de l'original avec toutes ses imperfections et toutes ses inconséquences ; me permettant tout au plus de suppléer quelque peu au défaut de ponctuation dans certaines phrases démesurément longues. En cela je rencontrerai, je le sais, les vues des amateurs ; mais je m'exposerais aux justes reproches du bon missionnaire s'il était encore vivant. Son travail en effet n'est, pour ainsi dire, qu'un brouillon, et nullement un travail fini prêt à être livré à la publicité.

ARTHUR EDOUARD JONES, S. J.

Collège Ste-Marie, Montréal.
Décembre 1889.

A Chek8timi le 13e de mars 1730.

Mon Révérend Père,

P. X.

V. R. n'ignore pas qu'on n'écrit d'icy à Québec qu'une fois l'hyver. Tout tard que s'en présente l'occasion, je vous conjure d'agréer les respectueux hommages que je vous ai déjà présentés de cœur au commencement de cette année, que je renouvelle aujourd'huy et que je continuerai de vous rendre jusqu'à la mort. Si l'on peut vous désirer quelque chose, je fais mille souhaits pour vous. Les vôtres sont et doivent être pour moi des ordres.

Au lieu de me commander, vous m'avez comme prié, en me conduisant vous-même, par une extrême bonté, jusqu'au rivage où de la ville je devais m'embarquer l'automne dernier pour ma mission, de vous écrire ce que j'avois observé de plus édifiant parmi nos Montagnez. J'ai compris que vous souhaitiez une naïve relation de ce qui s'étoit passé dans cette triple Église depuis les neuf ans que la Providence m'en a confié le soin. Je vous obéïs, et pourrois-je balancer un moment à contenter votre pieuse curiosité, à vous donner du moins quelque foible marque de mon estime pour vous, de ma soumission et de ma reconnaissance pour toutes les bontez dont vous me faites ressentir depuis si long-tems les effets ? Sans courir les forêts, vous vallez, Mon R. P., plusieurs missionnaires par les soins que vous prenez en vrai père de vos enfants dispersez, mais que vous portez tous réunis dans le cœur. Aussi que n'aurions nous pas à dire s'il s'agissoit de faire votre éloge. Je vais donc en abrégé vous rendre compte de mes années, heureux si j'avois une foule de vrais convertis à présenter à V. R. pour ses étrennes.

Le Domaine du Roy qui comprend ici toute la profondeur de la côte du nord, et s'étend depuis le bas de l'Ile-aux-Coudres jusqu'aux Sept-Iles, n'a que 4 postes solidement établis : Tad8ssak, Chek8timi, les Ilets-Jérémie ou Papinachois et la Rivière-Moisy. Dans ces différens endroits la Compagnie des fermes ou d'Occident entretient des magasins, des commis et d'autres employez françois, pour chasser et pour commercer avec les sauvages dépendans de chaque district. Depuis 20 ans, à bien dire, on n'y avoit point vu de missionnaire, à la fin on en demanda un. Comme il n'y avoit alors que moi de désœuvré au collège, ce fut sur moy que le sort tomba. Le R. P. de la Chasse, pour lors Supérieur de nos missions, animé de ce zèle qui, lui ayant fait ensevelir tant d'admirables talens qu'il a reçus du ciel et soutenir tant et de si longs travaux parmi les sauvages, lui fait encore regretter aujourd'huy de se voir borné aux seuls françois de la colonie, me fit partir le 1er de juin 1720 pour Chek8timi.

Ce poste, situé au nord et à 60 lieuës pour le moins de Québec, n'a rien qui le distingue, sinon un certain nombre de sauvages qui de tems en tems, pour achepter

leurs besoins, y viennent apporter leurs riches pelleteries de différens endroits par de petites rivières qui
forment ce fameux Saguené dont on ne s'est pas encore
avisé, à ce que je sache, de donner une carte fidelle et
entière. Il y auroit bien du curieux à en dire, si ce
que V. R. attend uniquement de moi ne me bornoit à
mon sujet ; je ne puis cependant me dispenser d'en
donner quelqu'idée.

Ce fleuve donc prenant sa source au Lac Piék8agami,
que le P. de Crespieuil, dont les sueurs apostoliques
ont arrosé durant 30 ans les bois d'alentour, nomma
Lac St Jean, ce fleuve, dis-je, n'a proprement jusqu'à
Tad8ssac que 25 lieuës, depuis une grande ance que
forme une chaine de montagnes entrecoupée de ruisseaux et de rivières, au nord-est desquelles se rencontre celle de Chek8timy, laquelle, formée par deux casca-
des, qui sortant de la même rivière et se séparant font
l'Ile que nous habitons, va, à 9 lieuës de ces chutes,
grossir de son eau douce le Saguené salé.

A l'embouchure de ce fleuve est la prétendue capitale de la Province du Saguené, je veux dire Tad8ssac,
qui ne consiste qu'en une maison de bois et un magasin.
Il faut avouër pourtant que la situation en est fort
belle et tout propre à y recevoir une ville. Le port
est spacieux, sain, assuré et à l'abry de tous les vents :
les moyens batiments aux hautes mers mouillent jusqu'au pied de la côte ; c'étoit là qu'autrefois l'Anglois
venoit commercé avec les sauvages. On voit encore
dans un rocher le trou où ils avoient planté un poteau
pour amarer leurs vaisseaux, et, il n'y a que deux ans
qu'on trouva dans le sable, remué par le vent, une
chaine de fer longue d'environ 30 brasses et grosse à

proportion. C'est là aussi qu'avec impétuosité le Saguené se décharge dans le fleuve St Laurent, et que le fleuve St Laurent aux marées montantes le remplit si vite qu'après bien des observations on a remarqué qu'au reflus la mer étoit, à un quart d'heure près, également haute et à Tad8ssac et à Chek8timi, qui en est eloigné de 30 lieuës près. Il ne faut pas s'étonner que malgrè cette distance cela arrive : le Saguené étant près d'une lieuë de large en certains endroits de son embouchure et sans fond, le flux de la mer qui y entre avec une extrême rapidité comme dans un goufre, dont l'entrée est plus évasée, repousse si précipitemment les eaux descendantes que, successivement refoulées, elles se trouvent hautes à Chek8timi, où le fond est plus plat et le lit de la rivière plus étroit, presqu'aussitôt qu'à Tad8ssac, où elles montent plus lentement et où il faut un plus grand volume d'eau pour remplir les vastes anses, qui s'y rencontrent, et la capacité de la rivière qui a plus de 8 à 10 lieuës de large en cet endroit là.

Les montagnes entre lesquelles le Saguené coule sont si hautes et si escarpées que les plus monstrueux arbres qui sont sur leurs sommets ne paroissent gueres d'en bas plus gros que la jambe, et vers les 7 heures du soir en été, pour peu qu'on range la terre du sud, ou qu'on ne soit tout-à-fait au large, on a peine à lire en canot. Dans certaines fentes de ces rochers, où ne donne jamais le soleil, on voit plusieurs veines de salpêtres très fin et très blanc. Il ne se passe gueres de printems où il ne s'y fasse quelqu'éboulement par des causes naturelles qui font plus de bruit qu'un coup de canon, et qui répandent aux environs une vraye odeur de poudre. Les chaleurs entre ces deux chaisnes de montagnes, la plupart pelées et inaccessibles, sont si excessives que la gomme des canots fond souvent à la suface de l'eau. La nature semble y avoir ménagé d'heureux et de commodes entrepos pour les voyageurs. A l'exception du'un seul cours de 4 à 5 lieuës, au quel il seroit dangereux de se confier trop legèrement, et d'où, en cas de quelqu'orage subit, il seroit comme impossible de se sauver en canot d'écorce, la nat*** trouve de temps en tems de petits ports de sable ou l'on met commodement à travers. Ces sortes de débarquements se trouvent plus à main à la côte du nord. Partout presque se rencontrent des mouillages pour les batiments ; les plus gros vaisseaux dans un besoin se trouveroient heureux de pouvoir s'y réfugier, ainsi que firent, l'année que les Anglois assiégèrent inutilement Québec, les navires françois qui venoient mais trop tard au secours, et dont on voit encore les restes des casernes et des batteries à 2 lieuës en deça de Tad8ssac. Aux mers basses on a plus de peine à débarquer. Il faut porter son bagage quelquefois très loin, parmi les cailloux glissants et couverts de ces herbes limoneuses que nous appelons goimon, mais aussi en récompense la providence à placé dans presque tous les endroits du bois de chauffage et de petits ruisseaux qui, découlant des marais qu'hahite le castor, tombent du hauts des caps, désaltèrent et réjouissent les voyageurs fatiguez.

Le noroist et le nord-est seuls reignent dans le Saguené ; les autres vents ou s'y font peu sentir ou du moins n'y sont jamais furieux. Depuis que je le pratique assez souvent je n'ay gueres vu que les 2 premiers extrêmement traîtres, orageux et durables, à peine l'un et l'autre prend-il qu'on s'en doit défier, quelque propice qu'il soit, surtout si le ciel se couvre et qu'il y ait apparence d'orage, car alors, comme en pleine mer, l'onde bruit, s'agite, écume, et par les combats de milles vagues qui se poursuivent, se chassent, ou se rompent successivement les unes dans les autres, elle avertit les canoteurs de nager fort et de gagner vite terre. Oserois-je, mon R. P., vous en donner un ou deux exemples?

Ma première année de mission, entre les voyages que je fis à Tad8ssac pour la consolation de mes néophites, on me vint chercher un jour pour un malade qui pressoit; n'ayant point encore l'expérience du danger qu'il y avoit à courir dans ce fleuve capricieux, je voulu me presser, et quoyque je n'eusse qu'un vieux canot de 4 places, il me fallut marcher la nuit. Le tems étoit beau. et la lune dans son plein ne donnoit aucun signe de bourasque; mes deux canoteurs sauvages cependant s'endormoient. Ennuyé de les reveiller à chaque instant, je les laisse enfin succomber au sommeil, prens un aviron, nage et gouverne, me laissant emporter au fil de la marée qui m'aidoit. A quelque tems de là, un de mes hommes se réveille, prend son aviron, et comme c'est la maniere des sauvages, souverainement indépendans entre eux, de ne se jamais rien dire en fait de travail de peur de se choquer, il me pria d'éveiller l'autre. Je le fis et à mon tour acablé de sommeil, voyant une heureuse navigation, je m'appuye la tête et les bras sur une des barres du canot. A peine sommeillois-je que n'entendant encore que quelques mots du manége montagnez, je crus que mes gens disputoient ; je me lève, parle et ne vois plus ni ciel ni eau ni rochers, mais une nuit profonde causée par un orage qui s'étoit élevé soudain au nord-oist. Nous sommes perdus, mon Père, me crièrent-ils. Débarquons vite, mes enfans, leur répliquai-je. Aucun débarquement ne paroissoit tant la nuit étoit obscure, et outre que nous étions au plus profond du Saguené, le nuage s'épaississant sembloit nous joindre en grondant derier nous. Nous touchions aux rochers par bonheur, et sur le premier venu je voulus me sauver : en débarquant le pié me glisse, je tombe à l'eau, et le canoteur, qui étoit manchot, de son moignon qui lui valloit une main et qu'il fourra précipitamment sous mon aisselle, me retira et me jeta sur une pointe de cailloux. Là nous plaçames notre canot. J'admirai mes 2 sauvages qui dormirent tranquillement le reste de la nuit, tandis que je sentois le sang couler d'une jambe qui avait un peu trop fort heurté contre une roche et qu'il étoit impossible de penser, faute de feu. Toute ma crainte alors étoit que la tempeste n'emportât notre canot, car alors que serions-nous devenus ; mais la bonté divine eut pitié du père et des enfans, qui n'étoient point encore murs pour le ciel. L'orage passa au large, le jour étant enfin venu, je fus surpris de nous voir dans espèce de niche et ne pus m'empescher de rire de notre heureux malheur, quoy que la mer toute basse nous eût laissé à plus de 10 à douze piés au-dessus de l'eau, nous descendimes notre canot, la chapelle et le reste du bagage par une petite coulée ou nous glissant doucement, nous rembarqnames. De la nous arrivames à Tad8ssac. Le missionnaire y administra les derniers sacrements au malade sauvage qui

mourut quelques jours après. Je m'en retournai ensuite
à Chek8timi au milieu de la même rivière. Le nord-
est accompagné de pluye nous prit si violemment qu'a-
vant de pouvoir joindre terre deux barres du canot se
rompirent. Presque submergez, je fus sur le point de
donner l'absolution à mes deux hommes qui, connais-
sant mieux le danger que moy, avoient aussi plus de
peur et m'exhortoient à leur faire bien prier Dieu.
J'avouë que c'est à leur foy et à leur confiance en la
Ste Vierge et au B. Régis que nous fûmes redevables
de notre conservation. Je resserrai vite le canot avec
ma ceinture et mes jartières, je gouvernai la voile,
nous fendions les lames qui de tems en tems nous inon-
doient. Enfin nous gagnames une cabane sauvage, où
l'on vuida et racommoda le canot, tandis que nous nous
fimes secher auprès d'un grand feu que ces chers
néophites nous firent avec des démonstrations d'une
compassion sincère. Ainsi bien instruit de ce qu'on
avoit à craindre dans ce fleuve, arrivai-je à mon Eglise,
faussement resolu d'être plus sage à l'avenir. Je dis
faussement, car en certains cas il est de la prudence
de n'en pas trop avoir. La timidité feroit manquer
quelque bonne œuvre, et une heure de retardement a
dégradé longtems et affamé des voyageurs presque
dans le port. Ce n'est pas qu'il ne faille prendre de
sages précautions, la témérité a fait périr plusieurs
françois et sauvages.

J'ai eu l'honneur de vous dire d'abord, Mon Rd.
Père que le Saguené prenoit sa source au Lac St Jean ;
or pour achever de vous donner une idée juste de ces
endroits-cy, le Lac St Jean, éloigné d'environ 30 lieuës
de Chek8timi, tirant à l'oist et situé dans la profon-

deur de ces hautes montagnes que vous voyez au nord
de Québec, n'a pas plus de 30 lieuës de circuit. Il n'est
pas profond, et dans l'été ses eaux extrêmement basses
découvrent une belle grève de sable fin. Il est pois-
sonneux, les environs en sont beaux, la vuë agréable,
les terres bonnes, mais la plupart des grains, surtout
le bled d'inde n'y sauroient venir à maturité à cause
des fréquens nord-oist qui de bonne heure y sont
très-piquans et donnent de la neige vers la fin d'aoust
quelquefois. Une partie de l'ancien établissement des
missionnaires y subsiste encore, où l'on voit qu'il y
avait un grand jardin et une chapelle où fut enterré
notre frère Malherbe, sur la fosse duquel j'ay fait
planter une croix.

A la hauteur du Lac, il y a une rivière fort curieuse
par les diverses petites pierres modifiées qu'elle roule
dans son lit. La nature sembleroit s'être étudiée à
donner là des modèles pour tous les arts ; oyseaux,
animaux, vases, outils de tous métiers fort reconnais-
sables, tout s'y voit à l'eau. La difficulté est de les
rsmasser ; il faudroit faire ce voyage exprès, se donner
le tems de choisir les pièces soi-même, les sauvages
n'en étant pas capables. Or pour cela le curieux
n'auroit qu'à payer et nourrir deux canoteurs qüi le
conduiroient. J'en conserve ici, une de ces raretez. Si
vous la mettez debout, cette pierre grisâtre et dure,
c'est une espèce de singe ou de chat sans oreilles, assis
sur sa queüe et ses pates, tenant dans sa gueule une
petite boule : Si vous la situez de long, elle me paraît
comme un oyseau qui porte la bechée ; d'un côté de la
tête, on aperçoit une petite tâche oblonge qui repré-
sente assez bien un œil. Cette figure n'a qu'un pouce

de large sur un et demi de long. Du reste cette rivière
industrieuse ne paye aucun tribut de ses trésors au
Lac St. Jean dans lequel elle se précipite, comme plusieurs autres qui viennent de la hauteur des terres et
que fournit le Lac Ka8itchi8it, lequel de lac en lac va
jusqu'au lac du père Albanel, ainsi appelé parceque ce
missionnaire en fit le premier la découverte, environ à
80 lieües Est-nord-est de la Baie d'Hudson, et assez
près du Grand Lac des Mistassins, lequel recevant
l'eau du Lac Albanel se décharge dans la mer du
nord.

C'est dans cet endroit qu'habitent les Michtassini
ou en français Mistassins. Ce nom composé de *michta*,
grand, et d'*assini*, pierre, leur vient d'une grosse roche
qui se recontre dans leur rivière ; c'est celle-là même
qui produit les bijoux dont je viens de vous parler.
Ils ont en vénération ce rocher ; ce seroit un crime
pour eux que de passer proche sans y laisser quelque
marque de leur superstition envers Tchigig8che8, le
dieu du beau et du mauvais tems, qui selon leurs
fables y a choisi par prédilection sa demeure. D'ordinaire leur encens est un peu de tabac, ou quelque
galette, quelques os de castor ou de poisson qu'ils
mettent dessus. Mais d'autres sauvages moins dévots
et affamez de fumer, enlèvent souvent en passant le
tabac au bon ou mauvais génie qui n'a pas eu soin de
profiter de la dévotion de ses adorateurs.

C'est vers là aussi qu'ils prétendent qu'après le dé-
luge, (car ils en ont, à leurs contes près, la même idée
que nous) le grand canot vint s'échouer sur une haute
montagne qu'ils montrent ; certains même assurent
comme un article de leur foy, y avoir vu souvent un

viel homme, d'une hauteur démesurée, lequel armé d'arc et de flèches se promène aux environs et semble garder les respectables débris de ce canot dont, à ce qu'ils prétendent, restent encore quelques varangues incorruptibles. Ces reveries, entre mille autres, qui ne méritent point, Mon R. P., votre attention, et auxquelles pourtant l'érudition profonde du P. Lafiteau (que nous regretterions ici davantage si son mérite trop connu ne l'eût fait rappeler en France) auroit donné un jour merveilleux, sont si communes parmi ces peuples qu'il n'est point d'enfant qui ne sache l'histoire du grand canot et du grand sauvage, le vénérable grand père Mech8. Au reste cette nation qui se réduit à peu de gens, dont une partie se range ici au printems, l'autre aux Anglais, pour leurs besoins, est d'une douceur et d'une simplicité qui passe les idées qu'on se peut former de la bonté. Il ne seroit pas difficile de les faire bons chrétiens s'ils voyaient de plus près et plus longtems un missionnaire qui fût moins gesné, en un mot auquel on donnât plus de facilité et plus de liberté de les instruire, eux et leurs compatriotes. Bien différents des autres sauvages, ceux-ci n'aiment point communément l'eau de vie, et si le françois plus avide de leur butin que de leur salut, malgré les défenses réitérées de nos roys, a forcé leur répugnance naturelle pour cette liqueur enyvrante, ils n'en boivent gueres qu'avec de ridicules grimaces, aussi ne reviennent-ils jamais à la charge d'eux-mêmes, leur raison est qu'on cesse honteusement d'avoir de l'esprit, pour m'exprimer en leur langage, quand il est une fois tué par la boisson de feu. A cette heureuse sobriété ils joignent une docilité admi-

rable, quoy qu'il leur en coute. Il y a quelques années
que le missionnaire envoya à leur chef, extrêmement
vieux et qui n'étoit pas baptisé, quelque petit présent
de dévotion pour le convier à venir enfin se faire
instruire.   Malgré son grand âge, la longueur du
voyage, les fatigues du canot et des portages, il obéit,
vient se présenter à l'Eglise : " Voilà, mon Père, dit-il,
ce vieillard que tu désirois voir." Chaque jour il se
faisoit instruire pour se disposer au baptême, voulut
même se confesser' afin de jetter, comme ils disent plus
ouvertement tous ses péchez, et reçut avec édification
sur la fin de sa vie la grâce qu'il était venu chercher
de plus de 250 lieües, ou pour mieux dire qui elle même
l'étoit aller chercher si loin.

Les Mistassins vivent de poisson dont leurs lacs
sont abondans.   Il y a peu de castor chez eux, mais le
caribou par bandes les dédommage.   Presque toutes
leurs superstitions se réduisent à ne pas laisser
manger à leurs chiens certains os qu'ils respectent de
peur qu'ils ne soient profanés et qu'ils ne puissent
plus rien tuer après.   Ils ont l'attention de les jeter
ou au feu où à la rivière.   Cet acte de religion n'a
surement d'autre principe que la crainte qu'ils avoient
jadis, comme nos chasseurs françois, que leurs chiens
ne se cassassent les dents : les sensez parmi eux en con-
viennent.   Rarement entre eux ils boivent ou man-
gent sans donner avant aux morts une petite portion
de leurs mets qu'ils jettent au feu ; c'est le benedicité
qu'ils apprennent à leurs enfants.

La plus remarquable de toutes les curiositez qui se
voyent dans ces bois-là, en tirant du côté de Nemisk8,
est un antre de marbre blanc, qu'il semble que l'ou-

vrier ait travaillé et poly. L'entrée en est aisée et éclaire les dedans ; la voute par son brillant repond à ses appuys. Il y a dans un coin une croute de la même matière, mais un peu brute qui saillissant fait une espèce de table comme pour servir d'autel. Aussi ces sauvages pensent que c'est une maison de prière et de conseil ou les Génies s'assemblent. C'est pourquoy tous ne prennent pas la liberté d'y entrer, mais les jongleurs qui sont comme leurs prêtres vont en passant y consulter leurs oracles.

Ce n'est pas que j'osasse assurer qu'il y eût aux Mistassins de fins sorciers, non plus que parmi les autres Montagnez, qui sont au plus de grossiers charlatans ; du moins autant qu'à force de les étudier, j'ay pu appercevoir, c'est que par leurs prestiges imaginaires, ils voudroient bien se rendre respectables et redoutables. A l'aide de leurs 30 sortes de différentes jongleries tous ces sorciers réüssissent rarement dans leurs prétentions : malheureusement il suffit qu'ils ayent une fois au hasard dit vrai pour être toujours crus désormais sans se croire souvent eux-mêmes, car j'en ai vu qui passoient parmi eux pour des maîtres m'avouër bonnement que leur art n'étoit que mensonge, et qu'il étoit faux qu'ils eussent jamais vu ni diable ni *Atchéne*, c'est-à-dire de ces fantômes sans tête, sans mains etc., que ce n'étoit qu'afin de leurer les plus crédules que leurs ancêtres avoient autrefois débité ces fables pour se faire valloir et regarder comme des hommes privilégiez au dessus du vulgaire. D'autres m'ont assuré qu'ils avoient vu des feux extraordinaires et des monstres surnaturels, mais que depuis qu'ils avoient embrassé le christianisme, ils ne

voyoient plus rien quoyqu'ils marchassent souvent la
nuit. Un plus obstiné ayant affirmé qu'il avoit vu le
mauvais esprit, on lui demanda sur le champ comment
il étoit fait, s'il était noir ou blanc : tout confus, il se
prit à rire et n'eut rien à répondre. Par une admirable providence de Dieu qui veut détromper les
autres, ces malheureux vrais ou prétendus sorciers,
dont les lourdes et impures pratiques sont toujours
condamnables, après avoir persisté dans leur scanda-
leuse opiniâtreté, meurent d'ordinaire misérablement
dans l'opération criminelle, ou en punition de leurs
extravagantes médecines. Ainsi que j'en ai vu quatre
exemples terribles et dont j'ai eu déjà occasion d'écrire
à V. R. à l'égard de ce fameux jongleur du Lac, qui
tout jeune venoit de mourir pitoyablement avec sa
femme plus superstitieuse encore que lui. Exemple,
entre autres, dont Dieu tirera sa gloire.

Mais après vous avoir donné, M. R. P. une abbrégée,
peut-être même, ennuyeuse notion de ce pays semé de
montagnes, de rochers, de lacs, de rivières, d'yvrognes
et de jongleurs : je reviens à l'état dans lequel je
trouvai à ma première arrivée cette mission aban-
donnée depuis si longtems, car quoyque le P. André,
dans sa vieillesse, après la mort du P. de Crespieuil, y
eut fait quelques légères incursions, à peine cependant
aucun sauvage avoit-il d'autre teinture de notre Ste-
Religion qu'un grand désir d'en apprendre les principes. Les jeunes gens n'en avoient jamais entendu
discourir. Les plus agez marmotoient quelques restes
confus du Pater seulement et de l'Ave de leurs ancêtres. La licence souverainement dominante entre
eux, la poligamie, plus encore l'yvrognerie, en un mot

tous les désordres qu'enfante le plus grossier liberti-
nage étoient les idoles qu'adoroient uniquement ces
pauvres aveugles, qui justifioient leur conduite par les
funestes scandales que leur avoient autrefois donnés
les François passans ou employez. Sortant donc de
notre cher et paisible college j'arrive ici. La joye
éclata par plusieurs décharges de fusils. Ces réjouis-
sances d'abord me furent de bon augure, mais après
avoir pris possession d'une vieille chapelle toute déla-
brée, le premier spectacle qui parut à mes yeux fut
des sauvages yvres à l'excez, d'autres en train et qui,
avec un air benin s'en venoient m'embrasser et me
demander à se confesser, à un pareil abord qui se
seroit pu contenir ?

Le montagnez, benin, facile, paisible, se fait aisément à ce qu'on veut, pourvu qu'on le garde ; crédule,
sans réplique, il veut tout ce qu'on veut ; timide, il
obéit ; pauvre icy, par ignorance du prix de ses riches
pelleteries ailleurs, il espère qu'on l'aidera, et c'est ce
que je commençai par leur faire assez entendre en
Algonkin pour les gagner, ou mieux pour les attirer à
J. C. Ils parurent entrer dans mes pensées, hors la
boisson. Il est surprenant que parmi tant de différentes nations : Chek8timiens, Pick8agamiens, Nék8-
bauïstes, Chomouch8anistes, Mistassins, Tad8ssaciens et
Papinacheois, il ne se trouva qu'un seul yvrogne qui
me brutalisât. Mon unique chagrin, durant ces premiers orages étoit de ne me pouvoir pas aisément faire
entendre dans cette terre étrangère. La langue pure-
ment algonkine ne me servoit presque de rien ici.
Sans maison, sans secours, sans consolation, je séchois
uniquement de ne pouvoir marquer l'amertume de

mon cœur que par la palleur de mon front. Seulement occupé de voir un si beau champ sans être
en état de l'ensemencer, je recourois au P. DeCres-
pieuil, j'allois plusieurs fois à l'Eglise et je demandois
à ce vénérable défunct de m'accorder du ciel sa langue
montagnese qui lui était désormais inutile ; mais les
saints veulent qu'on se donne la peine qu'ils se sont
donnée eux-mêmes pour se mettre en état de glori-
rifier Dieu.   Le parti donc que je choisis fut de prendre pour m'instruire une bonne sauvagesse anciennement chrétienne.   Cette Marie dont j'ay déjà eu occasion de parler ailleurs à V. R. et qui après avoir heureusement achevé de m'aider a finir mes livres montagnez, comme elle le souhaitoit, termina l'an passé ses
jours par une précieuse mort.   En maître elle condui-
soit mes études, et dès le premier mot qu'elle m'enten-
dit prononcer : c'en est fait, dit-elle aux autres, notre
Père a parlé notre langue, je ne lui parlerai plus françois ; et malgré mes instances elle garda sa parole ; et
à force de le faire deviner, elle mit son écolier en état
de precher à Noël le mystère sans papier.

Presque tous les sauvages s'étoient avec une édific-
cation consolante rendus ici pour assister aux divins
mystères et se confesser à la messe de minuit.   L'automne, ils s'écartent ordinairement fort au loin, les uns
cent, 200 lieuës, les autres plus ou moins pour leur
chasse, et reparoissent denuez de tout, maigres à l'excez,
et toujours avec cette entrée immanquable : ni-paska-
bag8anan, nous mourons de faim.   Pour les rassasier
d'un pain plus spirituel, le célébrant leur fit un petit
discours d'environ 3 quarts d'heure à l'Évangile.   Les
dispositions dans lesquelles ils parurent sortir de la

chapelle firent concevoir aux françois présens que Dieu, quand il veut, tire sa gloire des langues les plus muettes. Les fêtes suivantes on entreprit de les instruire des principes de la foy et de la morale à condition qu'un viellard plus instruit reprendroient le nouveau catéchiste à chaque barbarisme montagnez.

Ensuite les chefs avec leurs bandes s'étant dispersez dans leurs bois, le missionnaire s'appliqua le reste de l'hyver à composer un rudiment et quelques hymnes en sa nouvelle langue. Indisposé, il se fit mener dès le petit printems à Québec où il avoit dessein de passer quelque tems, mais à peine y étoit-il arrivé et en eut-il gouté l'air que par je ne scais quel secret mouvement, il se sentit pressé de retourner à sa mission contre l'avis de tous ceux du collége, qui charitablement le pressent, mais en vain d'attendre le batiment qui dans peu devoit transporter les besoins des postes. Durant mon absence le chef principal étoit venu à Chek8timi, ayant appris que, dégoûté et désesperant de les convertir, ainsi que leur avoit fait accroire un bon sauvage, j'avois tourné mes vuës ailleurs, et les avois abbandonnés, il fit réponse qu'il m'iroit lui-même chercher et qu'en attendant l'on avoit qu'à m'écrire qu'il scaurait bien mettre ordre à la débauche et user de son authorité pour arrêter désormais qui oscroient s'écarter du devoir. Il y avoit quelques jours qu'il s'en étoit allé retourné joindre sa jeunesse, lorsque je reparus ; je fus consolé d'apprendre que quelques paroles qui m'étoient échappées à mon départ avoient été heureusement rapportées aux sauvages allarmez, et avoient produit une crainte salutaire qui ne pouvoit avoir qu'un bon effet.

Cette nation extrêmement volage n'aime pas être

trop ménagée, elle a besoin de tems en tems qu'on la
fasse ressouvenir de sa dépendance. Naturellement
craintive, pourtant elle prévient souvent par une rete-
nuë forcée les reproches qu'elle sent qu'on lui pourroit
faire. D'ailleurs comme ce seroit une honte pour eux
d'être les seuls sauvages sans missionnaire, on les retient
du moins un peu en les menaçant de se retirer s'ils
refusent davantage de profiter des instructions qu'on
leur fait.

Au bout de quelques jours après son retour de Québec,
le Père vit avec un plaisir sensible arriver ces pauvres
gens les uns chargez de leurs paquets de castor, de
martes, de loups cerviers ; les autres de leurs canots ;
les femmes chargez de leurs enfants, leurs écorces à
cabaner, des ustensilles de ménage, de bois pour le feu,
de branches de sapin pour leurs lits, etc. Tous les
hommes rangés à leur manière se déchargèrent au lieu
du campement, font 3 ou 4 salves de leurs fusils pour
saluer la chapelle, et les françois qui répondent de leur
côté : revêtu d'un surplis, je les reçois à l'Église, leur
fais une courte prière après le *veni creator* montagnez,
puis une petite exhortation. Ensuite de quoy ils alle-
rent se refraichir à la maison françoise, de la faire
leurs cabanes, ou plutôt, pour préparer V. R. à ce qui
va suivre, leurs lits de mort.

Tous, à l'exception d'un jeune enfant, atteint des
écrouëlles, se portoient à merveille ; ce qui me promet-
toit de les voir assidus aux différens exercices de la
mission que je leur préparois, mais bientôt je vis que
le désir que j'avois eu de précipiter mon retour n'étoit
rien moins que l'effet de l'humeur, car à peine le chef,
qui selon la coutume de la nation se mit le premier à

coupper et à planter les perches de la cabane, eut-il
achevé avec les autres l'ouvrage, qu'il se trouva indisposé ; il ne fit qu'en sousrire d'abord et s'accuser de
paresse ; à son air malade, je le pressai de se laisser
tirer un peu de sang, me défiant de quelque pleurésie.
Leur manière de se saigner est cruelle. Ils choisissent
le plus gros vaisseau qui se rencontre sur la main,
percent la chair avec une alaisne au-dessous de la
veine qu'ils élèvent ensuite et font leur ponction ou
plutôt l'incision avec un couteau souvent mal affilé ;
rarement il sort beaucoup de sang et toujours il se fait
des troncus qui en ont estropié plusieurs. Le chef ne
se laissa seigner, mais à la française, que le lendemain,
encore après avoir assisté à la messe. Déjà âgé, il
avoit vu autrefois les missionnaires montagnez, et avoit
conservé, je puis dire, avec l'horreur de toutes sortes
de superstitions, un certain fond de religion qui lui
avoit fait continuer toujours la pratique de prier autant
qu'il sçavoit soir et matin avec sa famille ; le mal
redouble mais ne l'abbat point : il eut même le courage
alors de poursuivre avec ardeur et de reduire deux
importuns qui vouloient forcer le commis de leur donner à boire. Sa juste colère augmenta sa fièvre. Il
me demanda à se confesser. Pour ne point agir im-
prudemment, n'entendant pas assez la langue dans les
commencemens, j'avois déjà d'avance éprouvé chaque
sauvage par une double confession générale, me remet
tant à la 3e qui devoit achever de me les démasquer.
Celuy-cy plus sincère et moins épais que les autres, se
confessa, me charma, et assez instruit voulut être porté
à la chapelle pour y faire sa première communion. Ce
n'étoit gueres la coutume alors des sauvages de se met-

tre à genoux ; ils s'assëioyent sur leurs talons ; celuy-
cy au balustre, n'en pouvant plus, se tint dans une
posture chrétienne admirable, jusqu'à ce que me tour-
nant je lui fis signe de s'asseoir, craignant sans doute
quelque foiblesse.

Durant sa maladie qui ne dura que 8 jours, on ne
scauroit écrire combien par sa patience il nous édifia,
presque à chaque instant il faisoit appeler le missionnaire. C'étoit au plus fort des chaleurs et de ces
piquantes mouches qu'on nomme maringouins, brulots,
mousticks. Lorsqu'on lui disoit qu'il auroit du rester
à.la cabane, au lieu de s'exposer dehors à ces insuppor-
tables moucherons, il répondoit doucement qu'il n'avoit
plus la force ni le courage de faire d'autre pénitence :
"*Tane tché tchichikamas8ian eg8*, eh comment donc
pourrai-je payer pour moy ?" Ce sont ses termes que
je ne scaurois oublier. Le tems approchoit et retournant au cimetiere où je venois d'enterrer le petit enfant
écrouellé dont j'ay déjà parlé on m'appella de la part
du malade qui ne cessoit pas de se confesser, je m'apperçu qu'il n'iroit pas loin, je lui donne les stes huiles.
"Ah, mon père, dit-il au missionnaire, que je suis
heureux de mourir ainsi, quelques messes après mon
decez et c'est là tout ce dont j'ay besoin, je ne dois
rien à personne." Puis durant la recommandation de
l'âme en regardant avec confiance le crucifix pronon-
çant hautement les SS. noms de Jesus, Marie, Joseph,
il expira, à ce que je crois, de la mort des prédestinez.
Sentant bien ce que la religion naissante perdoit à la
mort de *Maratchikatik*, qui veut dire le *méchant front*,
c'est ainsi que s'appelloit mal ce chef, je ne fis que
mouiller de mes larmes mon rituel pendant les obsè-

ques, et dans l'amertume de nos cœurs, nous ne pumes
absolument chanter ni latin ni sauvage ; tous les françois pleurant eux-mêmes à la vuë seule du mauzolée
qu'on lui avoit dressé.   L'autel tendu de noir, plusieurs
flambeaux allumez, sur un beau drap mortuaire le
sabre et le fusil du défunct en sautoir, son habit de
chef couronnant le tout, firent impression sur l'esprit
de ceux qui croyoient que l'homme mouroit tout entier.

Je m'imaginois que Dieu étoit content de cette victime ; mais il en manquoit d'adultes encore 24. Afin
de vous épargner, Mon R. P., l'ennuy d'un long detail,
qui tout édifiant qu'il pourroit être sans figures, m'ennuyeroit moy-même, j'aurai l'honneur de vous dire en
abbrégé qu'apeine durant 3 semaines un seul jour et
une seule nuit, le missionnaire eut le tems de se recon-
noitre.   Presque toujours revetu de son surplis, le
crucifix et les stes huiles à la main, son breviaire sous
le bras, du reste sans difficulté de faire produire en
montagnez les actes ordinaires. Les françois, sans
soulagement, ne pensait plus alors qu'à leur propre peur.
Une partie du jour au confessional, n'interrompant presque jamais ni les catéchismes à midy, ni la prière du
soir pour la consolation des survivants, le père vivoit
en vérité de la craintive ferveur de ses néophites.
Chaque jour avoit un enterrement et plusieurs mori-
bonds presque abandonnez, en sorte que le matin son-
nant les glas de l'un,—car il falloit être bedeau comme
de tous les métiers,—on m'appelloit ou pour un expirant, ou pour quelqu'autre qui souhaittoit qu'on l'aidast
à prier. L'embarras le plus effrayant étoit de voir malades des adultes qui n'étoient point encore baptisez.
Entre autres un certain Nekoubaüiste, de ces gens

endurcis et de la race du fugitif Caïn, m'embarrassoit
le plus. Une pleurisie en une indigestion compliquées
le mettoient aux derniers abois. Je me pressois de
l'instruire des principaux mystères. Lorsque, me ca-
chant d'un côté son indigestion, il me pressa de le saigner, je le fis, et dans l'opération je le crus expirant.
Une sueur froide qui lui découloit du front me parut
comme les derniers symptômes. Ne sachant plus que
faire j'allai lui chercher une prise de teriaque pour le
faire revenir et le baptiser ensuite. Toute sa famille
sortit de la cabane ; je m'aperçu qu'ils alloient le jongler. Ils obéirent aux défenses qu'on leur en fit, ren-
trèrent et furent témoins eux-mêmes de la prompte
opération de la médecine, qui remit sur pied dès le
lendemain le malade. De grand matin entrant chez
lui lorsqu'ils dormoient encore, le chef de la bande se
leva presque tout nu en criant : " Voilà qu'entre celuy
qui a opéré ce que nous admirons." Tous s'étant
accroupis sans trop de vergogne comme des singes sur
leur sapin prennent leurs pipes, en chargent une pour
le malade guery, me remercient. Du premier compli-
ment on prit occasion de leur faire entendre que le
Maitre de la vie et de la mort étoit ce seul et grand
Dieu Créateur qu'adorent toutes les nations, à l'exception d'eux. Que ce n'étoit point ni au médecin ni a
ses remèdes qu'ils devoient attribuer cette guérison,
mais, a celuy qui a tout fait et qui par là leur faisant
voir sa puissance leur montroit que la prière ne tuoit
point les hommes comme ils le prétendoient. Ces rai-
sonnemens ne les frappèrent point assez ; jusqu'au
malade tous ne firent que de steriles promesses, dont
l'effet est encore à venir.

D'un autre côté, bien plus consolant, il y avoit une famille entière de Mistassins prédestinez, et dont l'aimable candeur attiroit davantage l'attention du missionnaire. Fallut les aller chercher a une lieuë du village ; 5 ou 6 petits sauvages en chantant des cantiques me conduisirent à l'endroit. Là j'apperçu un jeune enfant d'environ onze ans qui s'en alloit mourant. Je lui inculque sans peines nos mystères, me promettant bien de l'instruire à fond s'il en rechapoit. Il repondit succintement à mes questions, n'ajoutant qu'il ne scavoit pas, mais qu'il croyoit ce que je croyois moi-même. Ravi, je ne hezitai pas à l'ondoyer. Une matrone, que j'avois baptisée avec ces deux enfans à Noël et qui mit tellement en usage cette grâce qu'elle se sacrifia et mourut généreusement au service des malades en question, accourut après nous, se chargea de m'apporter l'enfant le lendemain vif ou mort, car alors il était nuit, pleuvoit, et les chemins très difficiles. Le lendemain effectivement voyant de loin paroître sur les épaules de cette charitable chrétienne l'enfant, j'y couru, elle s'en décharge, et comme si Dieu ne lui eut prolongé les quarts d'heure que pour me remercier, le jeune enfant me regarde, sourit, lève les yeux aux ciel (je parle sans figure), expire en sorte qu'il n'eut jamais eu le tems d'être même ondoyé, si malgré les raisons qu'on m'allèga pour me retenir je ne l'étois pas allé chercher la veille, qui étoit le jour même de la fête de mon patron St Pierre. Quel agréable bouquet M. R. P. pour ajouter rien de plus !

Son aisné êgé de 19 à 20 ans, nous combla encore de plus pures délices. Je l'avois déjà vu auparavant et instruit d'autant plus volontiers qu'il paroissoit davan-

tage affectionné à l'être. Jusque là pourtant le baptême lui avait été différé. Il tombe malade aussi, on
le prépare tout de bon. Voyant qu'il n'en viendra pas,
on le baptise, il est nommé Pierre Regis. Je lui apporte
assitôt après le St Viatique, et durant que je lui fais
faire son action de grâces il rend à Dieu son âme épu-
rée. Oncle, tante, sœur, frère, il les avoit vu mourir
chrétiens il ne lui restoit plus que sa mère, vielle veuve
qui n'étoit point encore baptisée. Les traits de zèle
qu'il fit paroitre pour elle nous édifièrent extrêmement ;
car, s'oubliant lui-même, il n'avoit autre chose à me
recommander sinon d'avoir pitié de sa mère, de la baptiser vite de peur de surprise. 20 fois du moins il
renouvella ses instances et il avoit raison, car 3 jours
après son baptesme elle alla probablement rejoindre
ses enfans, qu'on appelloit icy la Ste Famille. L'orage
finit là ; les autres malades en rappellèrent.

Certains se firent suer (sans leurs supersitions ordinaires). Ils font rougir au feu des cailloux qu'ils renferment tout brulans dans un petit cabanot d'écorce
bien bouché. Alors tout nu le sueur s'y renferment,
s'assied sur du sapinage, et de tems en tems pour
reveiller la chaleur il jette sur les pierres de l'eau
froide, même en boit. De là une extrême abondance
de sueur l'inonde ; mais comme il ne respire aucun air
nouveau je croirois qu'il reboit ses sueurs et se fait
plus de mal que de bien, et il n'y a point de doute que
cette manière de suer avec ces cailloux ne leur des-
sèche beaucoup et ne leur brulent la poitrine. On
leur a enseigné une autre façon de prendre ce remède, qui évacuant toutes les mauvaises humeurs
les laisse s'évader au dehors et ne sauroit faire

4

que beaucoup de bien. C'est de faire bouillir dans
une grande chaudière de petites branches d'épi-
nettes avec quelques autres herbes aromatiques, parmi
lesquelles on met de ces arbrisseaux onctueux, qu'on
ne nomme icy poivriers que parceque leur fruit, dont
se fait la cire verte, a effectivement, sinon la consis-
tance et la dureté, du moins assez la ressemblance du
poivre. On prépare une cuve où l'on met d'abord une
planche en travers pour servir de siège, puis en dehors
on cloüe aux cercles de la cuve 4 ou 5 petites perches
pliantes dont le haut bout va aboutir à un moien cercle
qu'on met à la hauteur du col de celuy qu'on veut y
asseoir, en sorte que sa tête passant dehors on a soin
de bien couvrir le reste du corps à l'aide des perches
qui ne servent qu'à soutenir les couvertures de peur
qu'elles ne portent sur les épaules. Tout préparé ainsi
on met d'avance la chaudière bouillante dans le fond
de la cuve et sous le siège. Pour soutenir les pieds du
malade on place sur la chaudière un bout de planche,
crainte de la brulure. Le patient enveloppé seulement
d'un linceuil se fourre doucement dans la surië avec
un petit baton qui lui sert à remuer la médecine à
mesure que la chaleur se ralentit. On reste dans cet
état jusqu'à ce qu'on sente la sueur diminuer : puis
reprenant vite une chemise chaude on s'en va ressuer
dans de bonnes robbes de castor ou dans un bon lit
bien bassiné à qui le peut avoir. Cette manière de
provoquer les sueurs est souveraine pour les lassitudes,
les rhumatismes, les enflures, les maux de côté, les in-
quiétudes, en un mot elle vaut plusieurs bains. Je
croirois que ce sont là les purifications légales de nos
sauvages. Quoy qu'il en soit plusieurs de nos mori-

bonds s'en servirent à propos et les françois des postes
n'usent gueres d'autre remède.

Or, il est à remarquer que la barque sur laquelle on
prétendoit que je m'en retournasse de Québec n'arriva
à Cehk8timi qu'après les funérailles ! Vous le dirai-je,
M. R. P. ou je ne me compris plus, c'est que soit acca-
blementou chagrin, ou que Dieu n'eût prêté a son ministre
que pour ce tems la de se faire entendre en montagnez,
il est vrai de dire qu'incontinent après la mortalité
et dans l'interval de repos, il me fut comme impossible
de parler juste quatre mots de suite de la même langue,
et je me semblay avoir oublié même le peu que j'en
scavois auparavant.   Remarque au reste qui ne m'é-
chappe que pour me faire ressouvenir qu'un ouvrier
evangelique doit tenter, si j'ose m'exprimer de la sorte,
Dieu pour Dieu, osant beaucoup, entreprenant tout, ne
se défiant même pas trop de ses propres forces et ne
redoutant rien tant dans l'œuvre du Seigneur que la
pusillaminité.

Pour finir cette narration funèbre les sauvages attri-
buèrent cette espèce de contagion aux marchandises,
et quoy qu'on tachast de les détromper, néanmoins il y
a quelqu'apparence qu'elles se ressentoient un peu de
la peste de Marseille puisqu'à la seule ouverture des
ballots, le commis avec quelques-uns de ses domesti-
ques eurent un prompt accez de fièvre et qu'il n'y eut
gueres de sauvages malades que ceux qui venoient
d'achepter des hardes. D'ailleurs certains étoient furieux
à lier ; une femme en délire me donne un soufflet qui,
comme on dit, me fit voir cent chandelles ; alors selon
la coutume des sauvages on les attachoit sur leur lit
les pieds et les mains à 4 picux plantez en terre.

N'ayant que quelques vomitifs et ne pouvant seul sur-
venir à tous, je m'avisai d'en donner à certains qui
vivent encore. La seule peur de mourir en tua surtout un
manifestement. C'étoit un homme robuste et âgé d'environ 50 ans. La fièvre ne lui prit qu'une heure avant
sa mort. Il n'y eut qu'un homme et sa femme qui
fuirent leur vrai bonheur, se retirant malgré mes instances dans leurs forêts où sans nul secours ils mou-
rurent. Les autres idolatres par une extravagante
superstition en s'en retournant, tiroient le bout du
fusil en arrière comme pour intimider ou arreter la
mort et l'empescher de les poursuivre, telle est certainement leur pensée.

N'étant donc plus occupé de ceux-cy il fallut aller
visiter à leur tour les Tad8ssasiens qui attendoient
depuis longtems leur père et qui le revirent avec joye.
Cette mission qui étoit autrefois de près de trois mille
hommes et gouvernée par 3 jésuites, mais que les différentes mortalités ont réduits à 25 familles au plus,
n'a presque rien de sauvage. Toujours au bords de la
mer, dans une agréable perspective, sur un beau coteau
gazonné et semé de mille fleurs, de petits fruits natu-
rels, au grand air, à la vue des passans et des vaisseaux,
les habitans habillez à la françoise, mais assez grotes-
que et dégoutante, y sont un peu moins grossiers et
plus rafinez que les autres sauvages des terres. De
vieilles masures de pierres dont les fondements, la cave,
le four et un pignon subsistent encore, nous montrent
qu'il y avoit là une forte jolie Eglise et une très commode
maison. Cette chapelle étoit dédiée sous le nom de Ste
Croix, à cause de la vénération qu'avoient eu anciennement pour ce vénérable signe de notre salut tous les

sauvages de la mer, ainsi que me le racontoit il y a encore quelques mois une vieille femme de près de cent ans, elevée par les pères Briet, [Bruyas ?] et Albanel. La concession de terrain qui fut accordé aux jésuites par la Reine Mère en l'année. . (*) se voit en parchemin dans les archives du Collège de Québec.

Il seroit à souhaiter, et je ne désespère pas même que mon premier successeur ne porte la compagnie du Domaine à relever ce batiment d'environ 60 pieds ; la pierre, l'ancien four à chaux se trouvant sur le lieu. Il seroit de la gloire du Roy et des intérêts de Mms les fermiers que cela se fît. Le poste principal de sa Majesté se peut-il-se passer d'une chapelle et d'une maison qui ne reviendroient pas ensemble à 1500 ls. et par là n'attirera-t-on pas une infinité de sauvages montagnez du Nord et du Sud qui, remplissant les greniers du père de famille, grossiroient sans doute les profits de la ferme sur le penchant de sa ruine, et attireroient de plus en plus les bénédictions du Ciel sur notre auguste et pacifique Monarque.

Après que la maison des Pères, qui servoit aussi aux commis, fut brulée en leur absence, les françois traiteurs se batirent ailleurs sur le même coteau mais au Nord-est d'un ruisseau profond et très frais qui sépare le terrain des Jésuites de celuy de la ferme. C'est tantôt sur ce verdoyant gazon dans les beaux tems, tantôt dans ces cabannes que le missionnaire, surpris de la mémoire et de la docilité de ces jeunes plantes, les catéchisoit, leur apprenoit peu à peu les prières générales les faisoit chanter, et par de petits

____

(*) En marge dans le MS. : Voyez chez le père procureur.

présents les encourageoit à se surpasser les uns les
autres.   Les plus âgez se rangeoient aussi de leur côté.

Ceux qui paroissoient distraits pouvoient s'attendre
à être interrogez des premiers et relevez charitablement
dans la suite en cas de chûte.   Le malheur étoit dès
lors comme encore aujourd'huy de n'avoir dans cette
prétendue capitale du Saguené pour toute chapelle
qu'une cabane d'écorce percée de tous côtez et ou faute
d'ornements il seroit impossible d'inspirer à ces sortes
de chrétiens naissans, qui ne voyent tout que par des
yeux charnels, ni idée de nos mysteres, ni vénération
pour la sainteté cachée qu'ils représentent.   Que d'a-
justement superflus, s'écriroit-on de tems en tems, que
de meubles inutiles, que de soyeries, d'étoffes condam-
nées aux ténèbres en proye aux mittes, dans des coffres
antiques qui, si on les ouvroit au corps adorable de
J. C., qui doit être après tout l'éternelle récompense de
notre générosité envers ses membres, adouciroient par
des linges sanctifiez la paille de la crêche, et la dure
Croix de ce Sauveur qui nous attend.   Ah ! que ne
suis-je en pouvoir de la relever cette croix à Tadoussac
sur ses anciennes ruines de lui donner un nouvel éclat
et de la faire briller dans un santuaire nouveau ? Bientôt par ces dehors elle se graveroit dans des cœurs qui,
tout sauvages qu'on les nomme, ne sont pourtant pas
éloignez du Royaume de Dieu.

En effet je vis ces bonnes gens si bien disposez au
christianisme que je ne pus me dispenser de passer
l'hyver avec eux.   Ce fut à 8 lieuës au-dessous de
Tadoussac vers l'Eskoumin que nous hyvernames ; L'endroit se nomma Notre-Dame de Bon-Désir.   Là se
firent jusqu'au printems les exercices de la religion

durant cinq mois. 120 adultes qu'on avoit ramassez composoient cette petite église édifiante. Avant le jour souvent se disoit la messe dans une masure françoise, et les sauvages s'y trouvoient régulièrement. De la ils alloient sur le fond, c'est-à-dire à la chasse du loup marin dans le fleuve St Laurent, qui dans cet endroit là s'élargissant toujours vers le golfe a de large plus de 15 lieuës.

Vous sçavez M. R. P., que c'est a ce métier que se font les huiles à brûler dans ce pays, et a passer les peaux en Europe. Souffrez que m'expliquant davantage j'entre dans un petit détail qui ne peut que nous délasser de trop d'occupations ennuyantes. Jusqu'a présent, du moins que je sache on n'a parlé de ce poisson qu'en passant. Quelques uns semblent le confondre avec le chien marin ou Requin ce qui est très différent. Le chien marin il est vrai, a assez la figure du loup marin. Un nez plat et noir, de gros yeux ronds et saillants, des levres epaisses et grisatres, un museau oblong, une gueule fendue jusqu'au oreilles presqu'imperceptibles, des barbes comme un chat. Mais outre que le chien est plus guerrier et tres a craindre—c'est qu'il a la peau toute dentelée de sorte que sechée elle ne sauroit servir qu'a pollir les ouvrages de sculpture de tour et de menuiserie—cet animal n'a point d'autre chair qu'un espece de tendron ou cartilage semblable a une mamelle, ce qui le fait appeller en montagnez T8t8ch8még8, le poisson qui n'est que mamelle. En écrivant il me vient en pensée qu'on en pourroit faire de la colle forte comme de l'eturgeon. Je n'en ai point vu manger aux sauvages : au lieu que le loup marin moins racourci, moins rengorgé timide, toujours aux

aguets, replongeant a la moindre alarme, ne fait point
de guerre aux navigateurs, les fuit autant qu'il peut,
se contentant d'éplan et de quelques autres mediocres
poissons, meme de certains vers qui se trouvent dans
les goimons attachez aux roches, ainsi qu'on a eu souvent l'occasion d'en faire la remarque. Sa peau qui
se passe en maroquin, mais qui a le grain moins fin, ou
qui sert à faire des souliers, des habits sauvages, ou a
couvrir des cassettes, est couverte d'un poil assez ras
et moucheté. Celuy qu'ils apportent en naissant et
qu'il conservent durant qu'ils tetent est d'un blanc
argenté sans aucune tache ; or a mesure que croît le
petit il prend la teinture de sa mere, change, brunit,
grisonne, noircit et par mille différentes bigarrures
veloutées represente un fond grisatre, semé d'une admirable variété de representations. Il y a des loups
marins de plusieurs sortes, toujours pourtant de la
même physionomie. Je crois que vous en avez deja
une ample description avec le petit tableau que j'en-
voyai, autrefois a Monsieur Begon, et généreux et
constant ami comme vous le scavez, de notre compagnie ; lequel, durant les douze années qu'il fut intendant
en Canada, et digne heritier des vertus de feu monsieur son pere, et de concert avec sa charitable epouse,
a fait autant d'honneur au roy par son rare desinte-
ressement, par sa magnificence, ses aumones que de
bien au missionnaires, qui se feront toujours gloire de
lui conserver avec le souvenir de ses bontés, de son
zèle, et de sa piété, une bonne part a la recompense de
leurs travaux apostoliques.

Du reste les meres portent 10 mois. La denomina-
tion des lunes de 7bre et de juin parmi les gens de la

mer le prouve, car tous nos astrologues sauvages qui
ne comptent que par les lunes, n'ont tiré les noms differens des mois, que des différentes opérations des animaux terrestres ou aquatiques, auxquels ils sont accou-
tumez. Ce qui se trouve d'admirable c'est l'instinct
de ces mères à retrouver et à distinguer, comme font
les brebis, leurs petits emportez au loin sur des bancs
de glace par les vents ou la marée. Il est rare qu'elles
en ayent plus d'un à la fois, mais il est certain qu'elles
n'en ont jamais plus de deux. La chair du loup marin est
extremement noire grossiere et chargeante ; c'est peut-
etre l'animal le plus fourni de sang mais d'un sang
noire, épais et si chaux, que dans les froids extremes,
il fume encore et se fait sentir des 15 ou 16 heures
apres la mort de la bete qu'on ouvre. Les sauvagesses
et les enfans courrent au rivage aussi tôt que quelque
canot chargée aborde, et partagent en paix, les ralin-
gues, les cotelettes, les pates, les nageoires et la tête
Le cœur est le moins mauvais morceau, tout cela se
met ou a la chaudiere ou a de petites broches de bois
plantées devant le feu, et se mange ensuite sans sel
ni d'autres épices. On commence d'abord par écorcher
la victime, puis on leve toute la graisse tout d'une
pièce. Le lard, dont on fait l'huile, est de 3 a 4 pouces,
quelquefois plus quelquefois moins. Ces graisses en
certains endroits toutes rassemblées se jettent confusé-
ment dans le charnier, c'est-à-dire, dans une espèce de
pressoir ou, peu a peu se liquéfiant, elles fournissent
des huiles plus onctueuses, qui semblent meilleures
pour la tannerie. Il est naturel que fondues et pour-
ries au soleil elles sentent mauvais. Il n'en est pas
ainsi ; de celles qui se font au feu dans les grandes

chaudieres.   Elles sont moins épaisses, plus claires,
servent aux lampes et a la friture, ne sont ni si puantes,
ni si bonnes a passer, puisque les tannenrs de France
estiment davantage, dit-on, les huiles grossieres de
marsouin.   Celles cy dans des phyoles imitent assez la
couleur d'une belle liqueur blancheatre, ce sont les
moins cuites et les moins propres pour les lampes, mais
les meilleurs pour les playes de feu, dont elles adoucis-
sent la vivacité.   D'autres sont plus foncées, plus rou-
geatres, ce sont celles qui ont été plus au feu, et où les
fondeurs ont fait cuire quelques galettes ou croccinolles,
qui ce me semble, en attirent toute la crasse ; en un mot
et sans mystère ces huiles se font ainsi que ce syndoux,
a l'exception que l'huile, se fermentant dans la barique,
veut de bonnes futailles, sans quoy elle transpire, s'eva-
pore, coule et force plus que toutes les autres liqueurs.

De quel tour d'élocution me serviray-je, M. R. P.,
pour justifier que cette huile est excellente pour la
friture ?   Je n'en scais rien.   Il faudrait devenir poete
pour le faire accroire.   Tout ce que je scais, c'est que
j'ay vu des français assez délicats, pour ne point citer
des sauvages, toujours de bon appetit, frire dans l'huile
pure de loupmarin leur poisson, avec cette précau-
tion pourtant qu'on fait d'abord bouillir dans la
poële cette huile, et qu'on y jette d'un peu loin et
hors la maison, crainte du feu, environ une chopine
d'eau froide à diverses reprises, laquelle purifiant certainement l'huile, lui ote tellement toute son odeur
naturelle, que le poisson frit n'en sent non plus rien
que s'il avoit été cuit dans l'huile ordinaire.

Pardonnez moy cette grasse remarque qui en tout
cas ne pourroit donner que du débit aux huiles du

Domaine, et enrichir, puis que nous sommes redevables a tous, quelques pauvres traiteurs.

Afin d'assaisonner leur sagamité (mot, par paranthèse, qui mal pris ne signifie jamais ce qu'on lui a prêté faute d'entendre le sens) puisqu'il ne veut dire autre chose sinon *l'eau, ou le bouillon est chaud,* tchi sagamite8. Les sauvages gardent cette huile de bien rassise dans des 8ik8é. Ainsi s'appelle la vessie du loup marin. Ces vessies sont d'une assez plaisante figure. Soufflées elles ont un cou d'une extrême longueur, le milieu, considérablement élargi, est ovale, et se termine par un bout recourbé et replié, a peu pres comme un termomettre ou un alambique. Il en est qui tiennent jusqu'a 5 ou 6 pots, d'autres 10 ou 12 pour n'exagérer pas, car je n'ai jamais vu de ces monstrueux loups marins, qui ne quittent gueres le golphe St-Laurent. Le lard de certains fait une barrique d'huile, mais icy d'ordinaire, il en faut 3 ou 4, quelque fois jusqu'à 6 ou 7 pour la remplir.

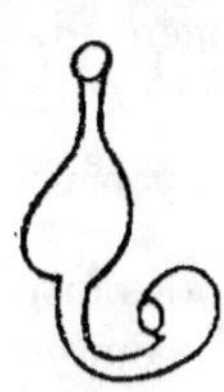
Fig. à la marge du manuscrit.

Vous vous imaginez sans doute l'affreuse figure de ceux qui fondent ces huiles parmi les graisses et les nuages epais d'une etouffante fumée ; ce sont presque toujours les femmes qui preparent avec autant d'adresse que de patience, et coupent en petits morceaux les lards que leurs maris font bouillir ensuite dans des chaudieres, placées sur des fourneaux ; car les seuls montagnez bien differens des autres nations, qui regardent comme esclaves leurs femmes, imitent dans leurs menages toute la manière française et la plus raisonnable, qui est de s'aider de concert l'un et l'autre.

Tellement que l'homme se reserve toujours ce qu'il y
a de plus penible pour lui, et laisse a sa femme et a
ses enfans ce qu'il y a de moins fatiguant, jusqu'à se
priver pour eux de son necessaire dans les tems de
disette ; avec cette distinction toutefois qu'il est servi
et mange toujours le premier.   En effet quoy que les
Montagneses, puissent en comparaison avec les Sauvagesses étrangeres, être regardées comme des reines et
souveraines, elles ont une vraie deference pour leurs
maris, aussi leurs maris les dedissent-ils rarement. Le
sort des projets, des entreprises, des voyages, des
hyvernements est presque entre les mains de la mena-
gére.

Je ne sais ce qu'on doit le plus admirer ou des fatigues de ces bonnes gens, ou des périls qu'ils courent
sur le fleuve, ou de leur invincible courage.   Froids,
orages, neges, glaces, rien ne les empeschoit de s'exposer si au large que le plus souvent il perdoient de
vue la terre ; heureux si survenant quelqu'un de ces
tourbouillons de neige, que nous appelons icy pou-
drerie, l'on pouvoit se sauver. Durant les 4 ans que j'ay
hyverné avec eux, plusieurs engagez trop avant, et
arretez dans les glaces, aveuglez par la neige, ne pouvant se débarrasser, se sont vus obligés de se mettre
avec leurs canots sur quelque banc de glace, et de se
laisser emporter aux courants de l'eau.   J'ay vu une
jeune chrétienne aussi intrépide que fervente, dont la
mort précoce a paru précieuse devant Dieu, revenir a
pied du large de glace en glace jusqu'au port avec son
mari en traisnant leur canot ; mais entre autres je ne
puis oublier un jeune sauvage, qui de grand matin
s'étant embarqué pour cette chasse avec sa mere, dejà

agée, se trouva insensiblement vers le soir a mi-rivière, tout entouré de monceaux de glaces, sans pouvoir absolument s'y faire passage. Qu'auroient-ils pu faire pour ranger terre en pleine nuit, leur canot brisé, se regardant livrez a une mort certaine, tant a cause du froid violent qu'a cause d'un gros vent qui les poussoit hors de leur route. Ils tirent cependant plusieurs coups de fusil pour avertir par hazard. Heureusement nos sauvages les entendirent, on leur repondit vite par un coup de boëte et plusieurs coups de fusil. Le missionnaire de toutes ses forces leur cria en tout cas de se recommander a Dieu par l'intercession du B. Regis. A leur voix éloignée on comprit qu'ils perissoient, qu'ils n'imploroient plus que le secours du ciel, et qu'ils étaient contrits de leurs pechez. Tous les assistants eurent ordre de se mettre sur le champ a genoux et de demander à Dieu la conservation de ces deux pauvres malheureux qui recurent l'absolution Il se fit à l'instant un petit eclairci ou chemin entre les glaces. A la lueur des feux qu'on avoit allumez sur les rochers quelques-uns de leurs proches se jetterent à la hâte dans un canot et par une providence admirable tomberent juste en criant de part et d'autre sur les naufragans qu'ils ramenerent sain et sauf a Notre-Dame de bon Desir, ou bien joyeux et pleins de reconnaissance ils se confesserent le lendemain, promettant bien au reste de n'y plus retourner si témérairement.

Un si bel établissement auroit du toujours durer ; la religion soutenant les intérêts des bourgeois, commençoit a y fleurir ; on avoit le loisir d'instruire les enfants, tandis que leurs pères étoient occupez a leur

chasse et dans les mauvais temps on visitait ceux-cy.
Chaque jour se faisoit la prière publique aux flambeaux, et une instruction sans presque jamais y manquer. Les dimanches et les fêtes, lorsqu'ils n'avoient
pas beaucoup réussis certain nombre de jours dans la
semaine, on leur permettoit d'aller au loup-marin,
afin de se dédomager après la messe et les vêpres
qu'on avançoit pour cela. Mais gens jaloux, et ennuyez du missionnaire, dont ils se croyoient éclairez
de trop près, et duquel ils auroient moins redouté la
présence s'il n'avoient eu rien à se reprocher, abusants
de la credulité de leurs maîtres, ont renversé cet édifice, qui, promettant une abondante moisson, portoit
ombrage à l'ennemi du salut des nations, et qui n'avoit
pas laissé que de couter bien des peines. Le prétexte
d'en éloigner le missionnaire fut que la dernière année
on y fit peu d'huile et l'on allegua tres faussement
qu'on ne les occupoit jour et nuit que de la prière sans
leur donner le tems de chasser; mais Dieu qui ne
laisse rien d'impuni tot ou tard, a fait voir que la
calomnie retomboit sur ses autheurs et que de la
croire trop facilement c'est s'exposer son intérêt propre
au contre coup; car depuis les 4 ans que je m'en suis
retiré il est inouy qu'on y ait fait, la meilleure année,
plus de 3 à 4 barriques d'huile, au lieu qu'auparavant
c'était des 48, 66 et cent s'il on avait bien voulu.
Quand on en demande la raison aux sauvages ils
repondent que ne se confessant qu'une fois l'année
et ne voyant plus sur les rochers de prêtre, ils perdent
cœur, et n'osent plus aller chasser au large, ou seulement se trouve le loup marin. De sorte donc qu'a-
present maison recente et chapelle ruinées il ne nous

reste plus que le seul souvenir que Jésus-Christ a été preché, servi et auroit du toujours être glorifié dans ce poste délabré et méconnaissable. A de si tristes revers doit se préparer d'avance tout missionnaire naissant.

C'etoit de ce poste qu'apres la Toussaint et au printems je me rendois aux Ilets de Jérémie, a 30 lieües au Nord Est de Tad8ssac, vers la rivière des Bessiamites, assez connüc dans nos cartes, laquelle est aussi large mais bien moins profonde que le Saguené. Depuis cet endroit jusqu'a LaBrador les habitans au fond montagnez s'appellent Papinachois du mot sauvage qui repond à leur carractere *Ni-papinach* je ris un peu *P8papinacheSets*, j'aiment a rire un peu. Effectivement ce sont d'aimables gens pour leur inalterable gayeté, plut a Dieu qu'ils pussent communiquer de leur temperament a leurs intraitables voisins les Esquimaux, qu'on n'aprivoisera jamais sans miracle, parce qu'enfoncez dans leurs rochers naturellement creuses et imprenables, ou ils ne respirent que par un petit soupirail qui leur sert egallement de fenetre et de porte, toujours en defiance, ils ne se laissent jamais approcher d'aucune nation, fut-elle basque ; car on ne doute presque plus que quelque basque pecheur naufragé sur ces côtes avec quelque Eve n'ait été leur infortuné Adam.

Or nos papinacheois, que je regarde plus disposez au royaume de Dieu que leurs autres compatriotes eloignés, ont, aux terminaisons pres des mots, la meme langue que ceux de Chék8timi, et tous ces differens idiomes approchent aussi un peu, hors l'accent, de l'Algonkin. Anciennement ils avoient une jolie chapelle située avec leur village dans une grande baye a 4 lieües du nouvel etablissement des Ilets. Elle s'appelle encore aujourd'huy la baye des Papinacheois. Avertis du tems auquel je dois me rendre chez eux, ils depechent un canot pour me venir chercher a Tad8ssac, sur la fin de la mission en cet endroit. Arrivé chez eux il est incroyable combien les hommes et les femmes avec leurs enfans s'empressent de se rassasier du pain de la parole divine. Plus ils importunent pour se faire instruire, plus ils donnent de consolation. Dans une pauvre cabane d'écorce, fait a leur maniere, percée, exposée aux vents, a la pluye, et dont le pavé n'est que de planches d'un sapin extremement entetant se font tous les exercices de la mission. J'ai deja eu l'honneur de mander a V. R. quel fruit il y auroit a esperer pour la religion et le domaine, si le Roy leur accordoit un missionnaire resident, qui attireroit plusieurs étrangers, qui iroit voir a leur tour les françois employez à la Rivière Moysi, aux 7 Iles et leurs sauvages. Ceux des Ilets sont bien instruits et se font un devoir de s'instruire les uns les autres, et ceux le moins depaïsez voudroient bien l'etre, mais en attendant conservent leurs superstitions. Cette ardeur qu'ils montrent pour la prière, sans qu'il y paroisse certainement ni crainte, ni interet ni hypocrisie, marque assez ce qu'avec la grace et de si bonnes inclinations l'on en pourroit faire.

A peine la messe, a laquelle ils assistent avec un admirable respect et a genoux (ce qui leur est difficile), est-elle finie, que les hommes et les femmes a part oubliant leurs enfants et leur propre nourriture épient le moment que j'aye achevé mon actions de graces,

pour se faire instruire, apprendre leur catechisme et a
chanter. Persuadez que ce n'est qu'un delassement
pour moy. J'ai eu la consolation d'en voir me boucher agréablement la porte de leur cabane pour m'empescher d'en sortir, et me forcer a leur faire repeter les
prieres quinze fois dans une matinée, jusqu'a ce que
les françois vinsent m'arracher. Agréable violence,
bon Dieu !...

Comme le sauvage ne s'occupe gueres que d'une
chose a la fois, ils apprennent et retiennent avec une
facilité étonnante. Mais le sexe partout devot, pour
la memoire l'emporte. Les hommes ont un certain
usage de la memoire artificielle. Un d'entre eux pour
apprendre dans sa langue le *Veni Creator* se fit pour
chaque couplet de petites figures sur une ecorce, qui lui
remettait en idée ce que chaque strophe signifiait, j'ob-
servai par hazard dans sa bizarre écriture sur l'*hostem
repellas longius* un espece de petit diablotin qui le
faisait ressouvenir du verset : *Matchi-manit8*, etc., le
mauvais esprit notre ennemi. Un autre me surprit
l'année derniere. Avant de se confesser pour ses paques,
il se prepare, s'examine et a chacun de ses pechés il
encoche un petit bois, de sorte que sur ce pretendu
livre il ne hesita ni sur le nombre ni sur les circons-
tances qu'une seule fois en s'accusant depuis un an. A
qui frequente et aime ces especes d'hommes tout en ce
genre paroit spirituel. Je me demandois si c'étoit St
Ignace qui lui avoit appris ce mysterieux secret.

Leur docilité n'est pas moins charmante, il y avoit
plus de 10 ans qu'un de ces gens la avoit abandonné
sa legitime femme et en avoit pris une autre dont il
avoit des enfans ; craignant a l'excez qu'on ne lui en-

levat sa concubine encore payenne, il n'osoit presque
paroitre. D'ailleurs bon chasseur, on le menageoit.
Le missionnaire de son coté pour l'obliger a reprendre
sa legitime, et renvoyer celle-cy, qui avoit tant d'envie
d'etre baptisée qu'elle scavait toutes les prieres, les
hymnes et le catechisme, faisoit a ce malheureux mille
protestations d'affection et de zele. Sur ces entrefai-
tes Dieu décida de l'affaire, car la bonne vieille après
s'etre confessée meurt en peu de jours. Il n'y eut
pénitence canonique a la quelle ce criminel sauvage
anciennement instruit ne se soumit de bonne foy,
ainsi qu'il fit publiquement à la porte de la chapelle
sans parler des satisfactions secretes. La femme, sans
etre encore sujette aux lois de l'Eglise vouloit subir
les mêmes peines si l'on ne l'avoit pas fait retirer : on
ne lui accorda que la consolation de se confesser avant
son bapteme. Elle le reçut fondant de joy avec ses
petits enfans et le mariage fut réhabilité. Ce trait,
que je n'explique qu'a demi, est digne de remarque
dans un riche sauvage, qui ne devant rien à personne,
et comme ils disent, maître de son corps. Ainsi se
comporte le plus a craindre de tous les Papinacheois,
qui ne chercha plus qu'a prevenir le pere par les
petits services. Jugez des autres qu'on ne scaurait
inquietter....

Je ne finirois jamais si je voulois parler des Montagnez de la mer, les quels on doit distinguer de ces
coureurs mikmaks, qui ne sachant ou donner de la
tête, vont gâter la plupart des missions, ou mandier
du pain dans les cotes et a Quebec. On n'a eu que
trop sujet de se repentir d'en avoir laissé hyverner à
Bon Desir.

— 67 —

Mais puis que je reviens a ce poste ruiné, que pour
me consoler de sa perte, il fallut penser tout de bon a
etablir celuy de Chek8timi. La Providence m'avoit
donné un commis aussi pieux et fidelle qu'obligeant,
desinteressé et adroit. En un mot c'etoit le Sr Mon-
tandre des Grondines, dont le nom, la conduite et la
probité ne vous sont point inconnus. Il commença
par regler judicieusement la boisson des sauvages,
toujours ferme sans les choquer. Il arrangea mon
petit menage. Il entrepris de faire ma chapelle, ou
tandis que se chanteront les louanges de Dieu, ce ge-
nereux français aura part. C'est le moindre tribut
de reconnaissance que la religion lui doit. Quoy que
cette Eglise, dedié sous les noms de St. Fr. Xavier et
du B. Regis, ne soit que de pieces sur pieces, elle a sa
beauté. Enduite de chaux, bien vitrée, une voute et
un retable peints, elle a presque tous ses meubles, j'ose
dire toutes ses commodités. * Fasse le Ciel qu'on en
voye bientot une semblable a Tadoussac et aux Ilets.

Il ne manquait plus qu'une maison au missionnaire
proche son Eglise. C'est ce qui, pour un établissement
solide, vient de se faire. † Un grand nombre de sauvages residens acheveroit son bonheur, mais ni bled
d'Inde ni poix etc. ne pouvant y venir a maturité, a
cause des frequents nord-oist, de quoy se soutiendroit
un village ? A la bonne heure si MM. du Domaine,
voulant regarnir de castors leurs terres deja ruinées,

---

* Selon le journal du P. Larue, l'Église fut achevée le 28 septembre 1721.

† Sa nouvelle maison fut achevée, selon le même journal, vers la
fin d'Octobre 1728.

faisoient la dépense modique d'entretenir icy 3 mois tout au plus sous les yeux du français les sauvages voisins afin de les empescher de detruire tout a fait le castor d'été, dont le bas poil ne sert a rien. Le profit qu'on en retirerait l'hyver payeroit grassement la dépense, qui ne consisteroit qu'a quelques barriques de bled d'Inde, de poix et de grosse farine. Je soutiens meme qu'au lieu de les rendre paresseux cela les rendroit d'autant plus agissans dans la bonne saison qu'ils sont meilleurs chasseurs, et qu'ils auroient été retenus plus longtems. On les occuperoit a faire des canots, d'autres ouvrages et a cultiver des petits champs de bled d'Inde en lait. Scavoir apresent s'ils consentiroient eux-memes à ce projet.

Le meilleur expedient qu'on auroit pour etendre et perpetuer dans ces bois et ces montagnes la religion, ce seroit d'avoir un petit fond capable d'entretenir modiquement et a la sauvage quelques enfans, lesquels gardez durant un hyver par de bonnes vieilles, sans d'ailleurs incommoder les françois du poste, successivement instruits iroient au printems faire part a leurs parens de leur doctrine ; je ne parle qu'apres en avoir heureusement fait l'experience. Sachant de quoy vivent et s'habillent ces sortes de gens, il en coûteroit peu pour en entretenir 5 ou 6 avec leurs gardiennes. Ce seroit même un avantage pour le poste, ces pauvres veuves passeroient des peaux, feroient des robbes, des capots de castor, des souliers sauvages, les raquettes, et rendroient a la maison les autres services dont il est difficile qu'elle se passe en hyver. C'etoit la au vrai la simple pensée d'un de mes predecesseurs, et c'est ce qui se pratique ailleurs, ainsi qu'on le voit

dans quelques lettres edifiantes. Il ne s'agiroit point
icy de batiments ni de seminaire. Nos sauvages, qui
portent avec eux leurs maisons, se plaisent mieux
sous leurs écorces et sur leur sapin que sous les lam-
bris dorez et sur le duvet. Les enfans renfermez
s'ennuyeroit bientot, et leurs parens qui les idolatrent,
les sachant trop genez, les retireroient d'abord.

Ce n'est pas qu'il ne se trouve parmi eux certains
peres et meres raisonnables qui ne s'en rendent
maitres et ne sachent avec fermeté s'en faire obéir ou
s'en voir privez. J'en connais de ce carractere certaines familles entre lesquelles le chef de Chek8timi et
sa femme viennent tout recemment de nous donner un
bel exemple. L'un et l'autre avaient élevé dans la piété
deux garçons qui formaient l'espérance de la famille
et dont l'aisné était marié et avait un enfant. L'autre
d'environ douze ans et tout à fait aimable, une fille
de dix ans, la consolation de sa mère, et un autre de
quelques mois, tous ces enfans, jusqu'an petit fils
meurent ici coup sur coup en peu de temps. Quel
désastre pour un sauvage ! La femme, qui aimoit tendrement, mais en mere chrétienne, pleura chaque
mort, neanmoins elle eut le courage de nous aider a
chanter aux obseques. L'homme, supportant de même
ces coups redoublez, fit paraitre quelque tristesse,
mais tout le tribut de ses larmes fut de recommander a
mes prieres ses enfans en m'ajoutant qu'il aurait tort de
se plaindre de la conduite de Dieu a son egard, puisqu'il étoit maitre de nos vies. Il vient d'apprendre
depuis peu que sa fille mariée a Tadoussac se mouroit
aussi, et a Noël son dernier enfant agé de 15 jours,
qu'on m'apporta chez moy vers minuit, me parut si

bien mort que je me retirai après quelques paroles de
consolation. Il revint pourtant un quart d'heure après
de sa léthargie ou plutot d'une espèce d'yvresse causée
par une prise de Thériaque qu'on lui avoit donnée in-
discrètement pour le rhume. Toute mon inquietude
en pareille occasion est que nos superstitieux vont dire
que c'est infailliblement la prière qui a tué cette
famille. Quoy qu'ils en puissent jongler, c'est une
une récolte assurée. L'aisné a été 3 mois malade, sans
nous marquer le moindre signe d'ennuy. Son cadet,
que je destinois a etre un jour le chef de la priere,
après de longues langeurs qui m'avoient obligé de lui
faire avancer sa première communion, se fit rapporter
icy de fort loin pour y recevoir enfin ses derniers sa-
cremens, forcant son pere et sa mere a marcher de
nuit, leur disant incessemment qu'il étoit tems de se
hater. Effectivement le lendemain à mes yeux il expira en baisant tendrement et de lui-meme un de ces
crucifix dont V. R. me fit présent pour eux l'automne
derniere.

En voilà trop M. R. P. Il ne me reste plus qu'à
vous communiquer un nouveau dessein qui ne saurait
venir que de Dieu, ce me semble, puisqu'il ne tend
qu'à sa gloire, et qui m'occupe depuis longtems ; ce
serait d'étendre notre mission plus loin ; car enfin de
se borner simplement a Chékotimi, a Tadossac et aux
Ilets, c'est un petit objet ; je m'apperçois d'ailleurs que
les nouveaux établissements qu'on a faits aux Mistassins, et qu'on vient de faire pour la traite du lac St-
Jean, ont empesché et empescheront bien des Sauvages a demi chretiens de descendre ici, desormais
trouvant la plus que leur necessaire ; je croirois qu'il

seroit bon que V. R. me permit d'aller a Labrador, ou
je scais qu'il y auroit bien du fruit à faire, sans néanmoins abandonner cette mission-cy, ou un nouveau
missionnaire, aidé de mes livres montagnez tiendroit
ma place en s'instruisant tranquillement. J'en écris a
M. Broäc ou a M. Charé, qui ne manqueront pas l'un
ou l'autre d'en conférer avec vous, s'ils ont, comme je
le crois, autant de zèle qu'on m'en a assuré, et dont je
ne puis douter par les instances réiterées qu'ils m'ont
fait jusqu'apresent de leur envoyer un extrait de mes
prières sauvages, ce que je n'ai pu faire. Tous les
voyageurs français m'ont protesté que j'aurais là de
quoy m'exercer tant auprès des sauvages que des employez soit Canadiens, soit pescheurs Malouins, qui
manquent souvent de secours spirituels. Ce ne seroit
qu'un essay d'abord, et en tout cas le montagnez re-
viendrait soullager son collègue. Il est digne cet essai
de zèle que vous avez M. R. P. pour la propagation de
la foy. C'est aux inférieurs à proposer respectueuse-
ment et aux supérieurs plus éclairés a disposer.
Peut-être que ces lumières que je prens la liberté de
vous donner pour la gloire de Dieu toucheront la ten-
dresse de votre bon cœur. Si vous ne les suivez pas
je ne m'en allarmeray point. Je ne propose ce dessein
que dans la crainte que j'ay depuis longtems qu'un
seul sauvage adulte ou enfant de LaBrador ne me
reproche un jour son malheur éternel. Je ne pretens
que satisfaire aux cris de ma conscience déjà trop em-
barrassée pour ne le pas assez être. Il ne s'agit que
de mettre ici en ma place le premier jésuite venant de
France. Dans les commencements nous nous aide-
rons l'un l'autre pour la langue ; puis je m'embarque-

rai pour le Golfe et j'aurai l'honneur d'etre la comme a Chék8timi et partout ailleurs avec toute sorte de reconnaissance et de respect de V. R.

Le T. H. Sr Laure.

ERRATA.

Page 34, *ligne* 21, *au lieu de* rsmasser *lisez* ramasser
 " 47, " 2, " " en   " et
 " 57, *dernière ligne,* " " ainsi ; de celles " ainsi de celles
 " 58, *ligne* 13, " " ce syndoux " le syndoux
 " 59, *lisez le premier paragraphe comme suit :*

Afin d'assaisonner leur sagamité (mot par paranthèse, qui, mal pris, ne signifie jamais ce qu'on lui a prêté, faute d'en entendre le sens, puisqu'il ne veut dire autre chose sinon *l'eau*, ou *le bouillon est chaud*, tchi sagamite8), les Sauvages gardent cette huile bien rassie dans des 8ik8é.

page 67, *note,* *au lieu de* l'Église.... 1721 *lisez* l'église.... 1726
 " 70, *ligne* 8, *omettez* une
 " 70, " 26, *au lieu de* Tadossac " Tad8ssac

A LA TABLE DES MATIÈRES :

Page II, *ligne* 15, *au lieu de* Bégou *lisez* Bégon
 " II, " 37, " " Sauvage " Sauvages

NOTE : La lettre du Père Laure était vraisemblablement adressée au R. P. J.-B. Du Parc, supérieur général de la Mission du Canada et recteur du Collège de Québec du 6 août 1726 jusqu'au mois de septembre 1732.